Wok

Lauter scharfe Sachen

Maria Dolores

Sie mögen's pikant? Und kochen gern mit dem Wok? Dann ist dieses Buch ideal für Sie. Lauter scharfe Sachen – egal ob gebraten, gedämpft oder frittiert, alles echte Gaumenkitzler. Wokgerichte mit Fleisch, Fisch, Gemüse oder scharfen Früchtchen – die Wokküche zeigt sich hier in ihrer unverfälschten Art: feurig, aromatisch, unkompliziert. Bei allen Gerichten ist der Schärfegrad angegeben und so können sich die Liebhaber der scharfen Sachen gezielt hochessen zum Spezialisten für die allerschärfsten Wok-Kochideen.

Inhalt

Alle Rezepte auf einen Blick

	Seite	kcal je Portion	schnell	kalorienarm	einfach	für Gäste	scharf	schärfer	sehr scharf
Zuckerschotensalat mit Sesam	12	310	+	+	+		+		
Glasnudelsalat mit Erdnuss	14	410	+		+			+	
Gurkensalat mit Sesam	15	190	+	+	+	+		+	
Gebratene Nudeln mit Honig	16	480	+	+	+		+		
Frittierte Gemüsenocken	17	510			+	+		+	
Ladyfingers in Tomatensahne	18	270	+		+		+		
Spinat-Nudel-Wok	20	700	+		+			+	
Nudel-Gemüse-Wok Arrabbiata	21	580	+		+	+		+	
Hot-Chili-Pepper-Reis	22	280	+	+	+			+	
Krabbenwok	24	340		+	+	+			+
Tintenfisch mit Zucchini	25	310			+			+	
Bunter Makkaroniwok	26	580			+		+		
Fischwok mit Knoblauch	28	310	+	+	+	+		+	
Currygarnelen in Kokossahne	29	300			+	+		+	
Meeresfrüchte im Safransud	30	270		+	+			+	
Lachswok mit Zwiebeln	31	370	+	+	+			+	
Gedämpfte Fischfilets	32	520	+	+	+			+	
Säuerliche Garnelensuppe	34	300	+	+	+	+			+
Muscheln im Pfeffersud	35	580		+	+			+	
Red Snapper in Currysauce	36	520	+	+	+	+		+	

	Seite	kcal je Portion	schnell	kalorienarm	einfach	für Gäste	scharf	schärfer	sehr scharf
Kaninchenwok mit Kartoffeln	38	340			+	+	+		
Straußenwok mit Spinat	39	370		+	+				+
Huhn mit Nüssen und Zitronengras	40	360		+	+			+	
Paprikafleisch mit Kümmel	42	330		+	+	+		+	
Hähnchenwok mit Erbsen	43	320	+		+	+		+	
Zitronen-Reis-Fleisch	44	320		+	+	+	+		
Brennende Fleischspießchen	46	390			+	+			+
Feuriges Chili con Carne	47	490	+			+			+
Zimtfleisch mit Pfeffer	48	310		+	+	+		+	
Rindfleisch mit Gurken	50	360		+	+			+	
Chilibällchen mit Thai-Dip	51	680			+	+		+	
Lamm mit Feigenpfeffer	52	310	+	+	+		+		
Ananascurry	54	270	+	+	+		+		
Papayareis mit Fischsauce	55	420		+	+	+		+	
Mangowok mit Garnelen	56	370		+	+		+		
Putenwok mit Lychees	57	330	+	+	+	+	+		
Pfefferleber mit Äpfeln	58	420	+		+		+		
Rosinenreis mit Datteln	60	600				+		+	
Bananenfleisch in Kokossauce	61	530	+		+	+		+	

Ein uralter Topf – der Wok

Ein Topf entsteht

Der Wok, kantonesisch für Kochgefäß, wurde viele Jahrhunderte lang ausschließlich in China verwendet. Inzwischen ist aber auch bei uns bekannt geworden, dass dieses gleichzeitig einfache und raffinierte Kochgefäß für das gesunde Kochen perfekt geeignet ist, und es ist „in", in diesem runden Topf die schmackhaftesten Gerichte zuzubereiten.

Angefangen hat alles vor etwa 3000 Jahren in China und wie viele andere geniale Erfindungen entsprang auch der Wok einer Notlage. Damals war Brennmaterial nämlich so knapp, dass nach einem Weg gesucht werden musste, Energie so gut wie möglich einzusparen, ohne dabei auf die warme Mahlzeit verzichten zu müssen. Dabei entstand der Wok.

Ein Gerät also, das direkt über die Feuerquelle gehängt werden und so die Hitze optimal ausnutzen konnte. Das es durch seine Form aber auch ermöglichte, die verschiedenen Zutaten eines Gerichts gleichzeitig zu garen, ohne dass ein Teil übergart, ein anderer noch roh war. Denn durch die spezielle Form des Woks entstehen ein heißes Zentrum, in dem die Speisen schnell garen, und ein etwas weniger heißer Rand. Bereits fertig Gegartes wird also einfach an den Rand des Woks geschoben, wo es nicht auskühlt und unbeschadet eine gewisse Wartezeit überstehen kann, bis auch der Rest des Gerichts fertig ist.

Wok – der chinesische Botschafter

So enstand also der Wok zunächst nur aus der Notwendigkeit heraus, den Holzverbrauch so gering wie möglich zu halten. Doch diese Garmethode zeigt auch noch eine andere Einstellung zu den Produkten, die die Natur uns liefert. Es steckt Achtung vor der natürlichen Komposition der einzelnen Zutaten darin, denn beim Garen im Wok werden Konsistenz, Aroma und Farbe so weit wie möglich erhalten, der Naturzustand der Zutaten wird möglichst wenig verändert.

Mit dem Wok kam auch die asiatische, vor allem die chinesische Küche nach Europa. Doch der Wok ist beileibe nicht nur für die asiatischen Gerichte geeignet – die Rezepte aus diesem Buch, die aus den unterschiedlichsten Ländern stammen, beweisen dies eindrucksvoll.

Die Auswahl ist groß

Ursprünglich bestand der Wok aus Ton. Später wurde der Ton vom Eisen abgelöst. Der heutige Originalwok wird aus Eisen oder Stahl gehämmert. Diese Metalle werden sehr schnell heiß, sie kühlen aber auch rasch wieder ab, wenn sie vom Feuer genommen werden. Dadurch übergaren die Speisen nicht. Der gehämmerte Rand ist uneben, sodass die hochgeschobenen Zutaten gut am Rand haften, während die Flüssigkeit in die Mitte läuft und zur Sauce abgeschmeckt und eventuell gebunden wird.

Der Originalwok eignet sich allerdings nur für offenes Feuer. Für Elektroherde ist die Form ungeeignet und auf Gasherden wird die für diesen Topf notwendige Temperatur nicht erreicht.

Bei dem hiesigen Angebot an Woks fallen zunächst die verschiedenen Materialien und zwei unterschiedliche Ausführungsarten auf. Da gibt es auf der einen Seite die Tischwoks, die entweder elektrisch beheizbar oder mit einem spiritus- oder pastenbeheizbaren Rechaud ausgestattet sind. Die andere Ausführungsart ist direkt für den Herd bestimmt.

Das Zubereiten der Gerichte am Tisch ist eine unterhaltsame, interessante und gesprächsintensive Sache, die allen Beteiligten viel Spaß bringt. Bei den Rechaudwoks ist leider nicht immer gewährleistet, dass eine ausreichend hohe Temperatur erreicht wird. Außerdem ist das Hantieren mit Spiritus und Brennpaste auch nicht immer ganz einfach. Praktischer sind in diesem Fall die elektrisch beheizbaren Geräte, die innerhalb kurzer Zeit eine ausreichende Hitze entwickeln.

Wie die Preise variieren auch die Materialien beim Wok: Die preiswertesten Geräte sind meist aus **Aluminium** oder **Eisen**. Hier gibt es aber große Unterschiede in der Verarbeitung. Nicht alle Geräte sind so gleichmäßig gearbeitet, dass sie für den Elektroherd genutzt werden können, für die Verwendung auf Gasherden spielt dies jedoch keine Rolle.

Ein weiteres gängiges Material für den Wok ist **Gusseisen**. Woks dieser Machart sind robust und standfest, allerdings auch sehr schwer. Wenn mit einem gusseisernen Wok gearbeitet wird, sollten fertig gegarte Speisen direkt in ein anderes Gefäß umgefüllt werden, denn Gusseisen speichert die Hitze sehr lange und deshalb wird der Garprozess durch das Hochschieben am Rand nicht gestoppt.

Edelstahl ist bei den Woks wie bei unseren klassischen Töpfen weit verbreitet und auch hier gibt es sehr große Unterschiede. Je leichter der Wok, desto ähnlicher ist er dem ursprünglichen Original. Schwere Geräte sind nur etwas Kraft raubender in der Handhabung.

Für welchen Wok Sie sich letztlich auch entscheiden mögen, sobald Sie sich mit Ihrem Wok einige praktische Erfahrungen angeeignet haben, wollen Sie ihn ganz bestimmt nicht mehr missen. Die einfachen, schnellen und köstlichen Geschmackserlebnisse werden Sie zu einem „Wokabhängigen“ machen.

Schnelles Garen – gesundes Garen

Der Wok hat hohe, nach außen geneigte Wände, die eine schnelle Verteilung der Hitze ermöglichen. Gemüse, Fisch und Fleisch werden in kürzester Zeit optimal und vitaminschonend gegart. Große oder ungleichmäßige Stücke kann man mit dem Wok jedoch nicht garen. Grundvoraussetzung für das Kochen mit dem Wok ist das sachgemäße Kleinschneiden der Zutaten. Ob Sie Streifen, Stückchen oder Würfel schneiden, alles muss gleich groß sein, um gleichmäßig garen zu können.

Perfekte Organisation

Die Vorarbeiten für das Kochen mit dem Wok sind das Wichtigste. Alle Zutaten müssen griffbereit rund um den Wok platziert sein. Es darf keine unnötigen Unterbrechungen geben, sei es nur, um schnell frische Kräuter zu hacken oder die Gewürze zusammenzusuchen.

Wählen Sie ein oder mehrere Rezepte aus. Sobald alle Zutaten besorgt sind, sollten Sie vor dem Start noch einmal alles prüfen, auch die Gewürze und Öle. Holzspatel, Topfhandschuh, Wokdeckel griffbereit daneben stellen. Erst jetzt den Wok, sei es am Tisch oder am Herd, anheizen.

Überlieferte Garmethoden

China ist das traditionelle Wokland, die chinesischen Begriffe wurden von dort übernommen:

Chao heißt sautieren oder pfannenrühren und ist die gängigste Kochart im Wok. Die Zutaten werden kurz, unter ständigem Rühren, in heißem Fett gebraten. Im Idealfall, wenn die höchsten Temperaturen erreicht sind, sollte der Öl- oder Fettfilm im Wok so heiß sein, dass die Zutaten sozusagen abprallen bzw. fast von selbst von einer Stelle zur nächsten „hüpfen“. Mit dem Holzspatel werden sie eigentlich nur noch leicht angestoßen.

Jian heißt braten. Bei dieser Methode wird etwas mehr Öl verwendet, es wird nicht so häufig gerührt, dafür aber etwas Öl nachgegossen.

Shao heißt schmoren. Die Zutaten werden zuerst angebraten (Chao) und mit Flüssigkeit zum Schmoren aufgegossen.

Zha heißt frittieren. Die Zutaten werden in heiß siedendem Fett schwimmend ausgebacken bzw. frittiert. Frittieren ist in asiatischen Ländern eine häufig eingesetzte Garmethode. Der Wok bietet dabei den Vorteil, dass hier deutlich weniger Fett eingesetzt werden muss als bei Fritteusen oder Töpfen, da der Durchmesser des Woks im unteren Bereich sehr klein ist. Auch in der Handhabung eignet er sich hervorragend zum Frittieren. Die Zutaten werden zunächst einzeln kurz „anfrittiert", dann an den Rand geschoben. Wenn alles angebraten ist, werden alle Stücke wieder ins Fett getaucht und unter Rühren mit der Schöpfkelle weiter frittiert.

Zheng heißt dämpfen. Dazu werden spezielle Dämpfeinsätze oder Bambuskörbchen über siedende Flüssigkeit in den Wok gestellt. Der Wok wird mit einem Deckel verschlossen und der entstehende Dampf gart die Zutaten im Dämpfeinsatz. Dämpfen ist die nährstoffschonendste Garmethode und besonders für frische und zarte Speisen empfehlenswert. Fisch, Meeresfüchte und frisches Gemüse sind z. B. gut geeignet.

Aber heiß muss er sein

In den Rezepten ist immer vermerkt, dass zuerst der Wok heiß sein muss, bevor das Öl eingegossen wird. Halten Sie die flache Hand über den Topfboden, um zu spüren, ob der Wok heiß genug ist. Erst jetzt Öl eingießen und durch vorsichtige Schwenkbewegungen bis zum Rand hoch verteilen. Nur wenn der Wok überall mit einem heißen Ölfilm überzogen ist, können die zu garenden Lebensmittel nicht ankleben. Die Zutaten nun nacheinander unter schnellem Rühren anbraten. Achten Sie darauf, dass zuerst die Zutaten mit längeren Garzeiten, z. B. Möhrenstücke, und dann Zutaten mit kürzeren Garzeiten, etwa Chinakohlstreifen, angebraten werden.

Das richtige Öl

Der Wok ist auf sehr hohe Temperaturen ausgerichtet, deshalb ist die richtige Wahl des Fettes sehr wichtig. In der asiatischen Küche wird vor allem mit Erdnussöl gearbeitet, da dies extrem hoch erhitzbar ist. Ein gutes Pflanzenöl wie Sonnenblumenöl, Distelöl oder hoch erhitzbares Sesamöl kann ebenso verwendet werden. Fette mit niedrigem Erhitzungsgrad wie Olivenöl, Butter oder Walnussöl sollte man vermeiden.

Gesundes Fastfood aus dem Wok

Fast alle Rezepte dieses Buchs sind schnelle Rezepte, denn der Wok ist zu heiß für langwierige Gerichte. Das Ergebnis ist knackiges Gemüse und perfekt gebratenes Fleisch. Und auf die heimische Küche brauchen Sie nicht zu verzichten, auch ein leckeres Geschnetzeltes mit Champignons ist im Nu fertig.

Die Scharfmacher

Für Kenner und Neugierige sind hier die wichtigsten „Scharfmacher" von A bis Z aufgelistet. Sie erhalten sie in gut sortierten Supermärkten, Lebensmittelabteilungen von Kaufhäusern, Feinkostgeschäften oder speziellen Asienläden.

Barbecuesauce Asiatische, salzig süße rote Fertigsauce, die auch in scharfen und sehr scharfen Geschmacksrichtungen erhältlich ist.

Chutneys Eingemachte, kalte, dicke Saucen, teilweise mit größeren Stücken, die durch die Beigabe von Essig und Zucker ihren süß-säuerlichen Geschmack erhalten. Das ausgewogene Verhältnis zwischen Essig und Zucker macht die Chutneys nahezu unbegrenzt haltbar. Fertige Chutneys im Küchenschrank zu haben ist für spontane Wokfeste immer empfehlenswert. Das Angebot der Chutneys ist riesengroß, auf den Etiketten ist jeweils der Schärfegrad ausgewiesen.

Chilischoten Die kleinen sind die schärfsten. Die mittleren sind nicht zu unterschätzen, die größeren sind milder. Sorten anzugeben ist schwierig, weil im Normalfall in der Gemüseabteilung nur zwei bis drei gängige im Angebot sind. Zu den schärfsten Schoten gehört die Vogelbeerenchili. Bei Urlauben in Übersee oder in Asien sollten Sie Chilis am Strang mitbringen. Über dem Herd können sie dann beliebig lang trocknen. Allerdings verfügen getrocknete Chilis über die konzentrierteste Chilischärfe. Also: vorsicht beim Würzen. Die Schärfe liegt vor allem in den Kernen und Trennhäuten. Nur wer es besonders scharf möchte, sollte die Kerne mitverarbeiten.

Cayennepfeffer Dabei handelt es sich um getrocknete und gemahlene Chilischoten. Das schärfste Gewürz schlechthin. Vorsicht beim Dosieren.

Chiligewürz Ist eine Mischung aus verschiedenen Gewürzen wie Chili, Oregano, Paprika und Knoblauch.

Chilipulver Mischung aus verschiedenen Gewürzen und getrockneten, gemahlenen Chilischoten.

Chilisauce Europäische und asiatische Chilisaucen sind als Fertigprodukte in großer Zahl im Handel. Als Würzsauce in allen Geschmacksnuancen für Wokgerichte zum Kochen oder Dippen. Seien Sie also beim Einkaufen und Kochen experimentierfreudig.

Curryblätter Frisch oder getrocknet geben Curryblätter asiatischen Gerichten einen würzig-intensiven Geschmack, der die Schärfe noch hebt.

Currypaste Konzentrierte, pastenartige Gewürzmischung in unterschiedlichen Schärfegraden. Besonders grüne, gelbe und rote Pasten aus Thailand sind empfehlenswert.

Currypulver Eine Mischung aus mindestens sieben gemahlenen Gewürzen – es gibt kein Gewürz namens Curry. Die Grundzutaten sind Ingwer, Kurkuma, Kreuzkümmel, Zimt, Muskatnuss, Kardamom und Koriander. Es gibt unzählige Mischungen von mild bis extrem scharf; hier sind auch Cayennepfeffer und Bockshornklee enthalten. Curryliebhaber stellen sich gern ihre eigenen Mischungen zusammen. Auch hier gilt: beraten lassen und probieren. Die schärfsten Currymischungen gibt es in der Thai-Küche.

Fünf-Gewürze-Pulver Das chinesische Gewürz riecht und schmeckt im ersten Moment wie Lebkuchengewürz. Doch Vorsicht: es sind nicht nur Fenchel, Zimt, Nelken und Sternanis vermischt, sondern auch scharfer Szetchuanpfeffer. Sparsam dosieren.

Galgant Der große Galgant hat unter der bräunlichen Schale weißes, der kleine Galgant eher orangefarbenes Fruchtfleisch. Galgant sieht aus wie frischer Ingwer und wird genauso verwendet. Außerhalb Asiens ist das scharfe Gewürz meist in pulverisierter Form erhältlich.

Garam Masala Diese indische Gewürzmischung besteht aus gerösteten und gemahlenen Gewürzen. Fertigmischungen sind in Asienläden erhältlich. Die Mischung ist zwischen würzig und scharf: Zimtstange, Nelken, Kardamom und Schwarzkümmelsamen.

Knoblauch Frische Knollen sind dem getrockneten Pulver vorzuziehen. Junger, frischer Knoblauch hat eine gewisse Schärfe.

Meerrettich Ist wohl die schärfste Zutat der europäischen Küche. Allerdings beschränken sich die Rezepte mit Meerrettich mehr auf das frische Hobeln über ein Gericht.

Miso Paste aus Sojabohnen. Es gibt verschiedene Misopasten wie immer in den unterschiedlichsten Schärfegraden. In Reformhäusern und Naturkostläden.

Sambal Oelek Scharfe Würzsauce aus Indonesien aus Salz und Chili. Zum Kochen, Würzen und Dippen hervorragend geeignet.

Szetchuan-Gemüse Chinesische Gemüse aus Senfkohl mit Salz und Chili. Sehr scharf, nur als Dosenware erhältlich.

Tabasco Scharfe Würzsauce, eine Essenz aus Pfefferschoten mit Essig. Im Volksmund heißt Tabasco flüssiger Chili. Es gibt roten und grünen Tabasco. Der grüne ist wesentlich milder als der rote.

Wasabi Grüner, scharfer Meerrettich aus Japan. In Asiengeschäften als grünes Pulver erhältlich, das mit Wasser angerührt und zum Dippen oder zum Würzen verwendet wird. Extrem scharf! Wird meist für Sushi verwendet.

Die Rezepte

Zuckerschotensalat mit Sesam

Aus China

- ⊕ schnell
- ⊕ kalorienarm
- ⊕ einfach
- ⊖ für Gäste
- ⊕ scharf
- ⊖ schärfer
- ⊖ sehr scharf

Zutaten

50 g Sesamsamen

300 g frische Sojabohnensprossen · 300 g frische Zuckerschoten · 2 Knoblauchzehen

4 EL Pflanzenöl

1 EL Palmzucker, ersatzweise brauner oder weißer Zucker · etwas Salz · etwas Pfeffer aus der Mühle · 4 EL Reisweinessig · 3 EL Sojasauce · 2 EL schwarze Bohnenpaste · 100 ml Gemüsebrühe

50 g eingelegte rote Chilischoten in Scheibchen

Für 4 Personen
Zubereitungszeit: ca. 30 Min.
Kühlzeit: ca. 1 Std.
ca. 310 kcal je Portion

1 Die Sesamsamen im heißen Wok ohne Fettzugabe rösten, bis sie duften. Herausnehmen und auf einen Teller legen.

2 Die Sojabohnensprossen sowie die Zuckerschoten waschen und in einem Sieb abtropfen lassen. Auf beiden Seiten die Enden der Zuckerschoten abschneiden. Die Knoblauchzehen schälen und fein würfeln.

3 Den Wok heiß werden lassen und darin das Pflanzenöl erhitzen. Die Knoblauchwürfel kurz andünsten und die Sojabohnensprossen sowie die Zuckerschoten zugeben.

4 Das Gemüse etwa 5 Minuten unter Rühren anbraten. Mit Palmzucker, Salz, Pfeffer, Reisweinessig und Sojasauce würzen. Die Bohnenpaste mit der Gemüsebrühe verrühren und über das Gemüse gießen. Alles etwa 2 Minuten dünsten und erneut abschmecken.

5 Den Inhalt des Woks in eine Schüssel füllen und alles etwa 1 Stunde im Kühlschrank ziehen lassen. Den Zuckerschotensalat auf Teller verteilen und mit Sesamsamen sowie Chilischeibchen garnieren.

Zuckerschoten

Zuckerschoten werden auch Mangetout, Zuckererbsen, Kaiser- oder Schotenerbsen genannt. Es handelt sich um eine Erbsensorte mit Schoten ohne innere Pergamenthaut. Jung gepflückt schmecken sie mit der Schote am besten. Aus Kenia und Frankreich kommen sehr zarte Zuchtexemplare. In Europa sind die Schoten oft so groß, dass man sie quer halbieren oder dritteln sollte.

Variationen

Nehmen Sie Pinienkerne oder Mandeln statt der Sesamsamen.
Zu den Zuckerschoten passen Zucchini oder Auberginen gut in den Wok.

Tipp

Reichen Sie frisches Fladenbrot oder frittierte Reisbällchen zu dem Salat.

Zutaten

50 g ungesalzene Erdnüsse · 100 g Glasnudeln · etwas Salz
1 kleine Möhre · 1 frische, rote Chilischote · 1 rote Paprikaschote
4 Knoblauchzehen · 100 g Chinakohl · 1/2 Bund frisches Koriandergrün
4 EL Erdnussöl
2 EL Erdnusscreme · 50 g Sahne · 50 ml Reiswein, ersatzweise Sherry · etwas Pfeffer aus der Mühle · 1 EL scharfe, asiatische Chilisauce · 3 EL Sojasauce

Für 4 Personen
Zubereitungszeit: ca. 30 Min.
ca. 410 kcal je Portion

Glasnudelsalat mit Erdnuss

Aus Thailand

- **schnell**
- kalorienarm
- **einfach**
- für Gäste
- scharf
- **schärfer**
- sehr scharf

1 Die Erdnüsse in ein Küchentuch wickeln und mit einem Fleischklopfer zerkleinern. Die Glasnudeln in reichlich kochendes Salzwasser geben, 2 Minuten kochen lassen, in ein Sieb gießen, mit kaltem Wasser abschrecken und abtropfen lassen.

2 Die Möhre schälen, in dünne, lange Scheiben und quer in schmale Streifen schneiden. Die Chilischote sowie die Paprikaschote waschen und entkernen. Die Chilischote fein würfeln. Wenn man nicht mit Haushaltshandschuhen arbeitet, danach sofort die Hände waschen. Die Paprikaschote in 1 cm große Stücke schneiden.

3 Die Knoblauchzehen schälen und fein würfeln. Den Chinakohl waschen, trockenschleudern und quer in 1/2 cm breite Streifen schneiden. Das Koriandergrün waschen, trockentupfen, von den Stielen zupfen und fein hacken.

4 Den Wok ohne Fett erhitzen und darin unter Rühren die Erdnüsse rösten, bis sie duften. Herausnehmen und auf einen Teller geben. Das Erdnussöl im Wok erhitzen und darin unter Rühren Knoblauch- und Chiliwürfel anbraten.

5 Paprikastücke und Möhrenstreifen hinzufügen. Alles kurz durchmischen und mit Erdnusscreme und Sahne cremig rühren. Den Reiswein darüber träufeln und die Glasnudeln unterheben. Mit Salz, Pfeffer, Chili- und Sojasauce würzen.

6 Den Inhalt des Woks in eine Schüssel geben und locker mit Chinakohlstreifen und Koriander vermengen. Den Salat auf 4 Teller verteilen und mit den Erdnüssen bestreuen.

Tipps

Der Glasnudelsalat schmeckt noch intensiver, wenn Sie ihn 1 Stunde im Kühlschrank ziehen lassen. Dann aber die Chinakohlstreifen und den gehackten Koriander erst kurz vor dem Servieren unterheben.
Wenn Gäste kommen: Chinakohlblätter auf großen Tellern hübsch arrangieren und darauf den Glasnudelsalat anrichten.

Gurkensalat mit Sesam

Aus Bali

Zutaten

1 große Zwiebel · 4 Knoblauchzehen · 2 Salatgurken
2 frische Chilischoten
1 EL Erdnussöl · 1 EL getrocknete Shrimpspaste
2 $^1/_8$ l Kokosmilch · $^1/_8$ l Geflügelbrühe (Glas) · etwas Salz · etwas Pfeffer aus der Mühle
1 EL Sesamsamen

schnell ⊕
kalorienarm ⊕
einfach ⊕
für Gäste ⊕
scharf ⊖
schärfer ⊕
sehr scharf ⊖

Für 4 Personen
Zubereitungszeit: ca. 40 Min.
ca. 190 kcal je Portion

1 Die Zwiebel und die Knoblauchzehen schälen und fein würfeln. Die Salatgurken schälen, der Länge nach durchschneiden und entkernen. Die Gurkenhälften quer in Scheibchen schneiden.

2 Die Chilischoten waschen, Stielansätze entfernen und die Chilischoten klein schneiden. Wenn man nicht mit Haushaltshandschuhen arbeitet, danach sofort die Hände waschen. Den Wok heiß werden lassen und das Erdnussöl darin erhitzen. Zwiebel, Knoblauch und Chili mit der Shrimpspaste zugeben und andünsten.

3 Die Gurkenstücke hinzufügen, mehrmals durchrühren und mit Kokosmilch sowie Geflügelbrühe aufgießen. Mit Salz und Pfeffer würzen und in eine Schüssel füllen. Den Wok auswischen.

4 Den Wok ohne Fett erhitzen und den Sesamsamen darin unter Rühren rösten, bis er duftet. Den Sesam herausnehmen, im Mörser stark zerreiben und unter den Gurkensalat mischen. Erneut abschmecken und lauwarm oder kalt servieren.

Tipps
Den Gurkensalat auf Reis oder Nudeln servieren. Oder solo mit frittiertem Krabbenbrot Krupuk genießen.
Die Shrimpspaste erhalten Sie in Asienläden oder in gut sortierten Lebensmittelabteilungen von Kaufhäusern.

Variationen
Gebratene Fleisch- oder Fischstreifen über den Gurkensalat geben.

Gebratene Nudeln mit Honig

Aus China

- schnell
- kalorienarm
- einfach
- für Gäste
- scharf
- schärfer
- sehr scharf

Zutaten

250 g chinesische Eiernudeln

1 Stange Lauch · 2 cm frische Ingwerwurzel · 100 g frische Sojabohnensprossen · 100 g eingelegte, kleine Maiskölbchen

200 g frischer Weißkohl · 50 g Sesamsamen

3 EL Pflanzenöl

etwas Salz · etwas Pfeffer aus der Mühle · 1/4 TL Kurkuma · 1 Msp. Cayennepfeffer · 5 EL Sojasauce · 2 EL Honig · 1 EL grüner Tabasco · 1 Kästchen Gartenkresse

Für 4 Personen
Zubereitungszeit: ca. 30 Min.
ca. 480 kcal je Portion

1 Die Eiernudeln in Stücke brechen, in eine Schüssel legen, mit kochend heißem Wasser begießen und einige Minuten stehen lassen. Die Nudeln in ein Sieb abgießen und abtropfen lassen.

2 Den Lauch längs halbieren, zwischen den Blattschichten waschen und quer in feine Streifen schneiden. Den Ingwer schälen und fein würfeln. Die Sojabohnensprossen waschen und in einem Sieb abtropfen lassen. Die Maiskölbchen je nach Größe halbieren.

3 Den Weißkohl fein hobeln, waschen und abtropfen lassen. Den Wok ohne Fett heiß werden lassen und darin die Sesamsamen unter Rühren kurz rösten, bis sie duften. Herausnehmen und auf einen Teller legen.

4 Das Pflanzenöl im Wok erhitzen und darin Lauch, Ingwer und Kohl unter Rühren etwa 3 Minuten anbraten. Sojabohnensprossen und Maiskölbchen hinzufügen.

5 Die Nudeln unterheben und alles mit Salz, Pfeffer, Kurkuma und Cayennepfeffer würzen. Die Sojasauce mit dem Honig verrühren und mit dem Sesam untermischen. Alles mit grünem Tabasco abschmecken und auf 4 Teller oder Schälchen verteilen. Die Nudelpfanne mit „Kressesträußchen“ garnieren.

Variationen

Schärfer wird es, wenn Sie mit „flüssigem Chili“ (rotem Tabasco) würzen. Der grüne Tabasco ist milder. Ein paar Streifen Hühnerfleisch und/oder Garnelen werten diese Pfanne noch auf.

Zutaten

Je 100 g Zucchini, Möhren, Brokkoli und Kartoffeln · 2 Knoblauchzehen · 1 cm frische Ingwerwurzel

200 g Kichererbsenmehl, ersatzweise Weizenmehl · 1 TL flüssige Butter · 1 TL Chilipulver · 1/2 TL Salz · 1/2 TL gemahlene Kurkuma

1 l Pflanzenöl

Hot Chilisauce (Fertigprodukt), zum Dippen

Für 4 Personen
Zubereitungszeit:
ca. 1 1/4 Std.
ca. 510 kcal je Portion

Frittierte Gemüsenocken

Aus Indien

1 Das Gemüse putzen und waschen. Möhren und Kartoffeln schälen und in grobe Stücke schneiden. Die Knoblauchzehen und den Ingwer schälen. Alles in der Küchenmaschine fein pürieren.

2 Das Kichererbsenmehl mit 1/8 l lauwarmem Wasser und der Butter mit den Knethaken eines elektrischen Handrührgeräts zu einem Teig verarbeiten. Das Gemüsepüree und die Gewürze unter den Teig mischen.

3 Das Pflanzenöl im Wok heiß werden lassen. Mit 2 TL etwa 25 Nocken abstechen und diese portionsweise im Pflanzenöl von allen Seiten goldgelb backen. Die Löffel zwischendurch in kaltes Wasser tauchen. Die Nocken mit einem Schaumlöffel herausnehmen und auf Küchenkrepp abtropfen lassen.

4 Die Gemüsenocken auf Teller verteilen und je ein Schälchen mit Chilisauce zum Dippen dazureichen.

schnell −
kalorienarm −
einfach +
für Gäste +
scharf −
schärfer +
sehr scharf −

Variation
Sie können diese Nocken auch mit vielen anderen Gemüsesorten zubereiten: Brokkoli, Lauch, Auberginen, Zwiebeln, Frühlingszwiebeln – alles, was saisonal im Angebot ist.

Pakorhas
Dieses Rezept ist den indischen Gemüsebällchen, den Pakorhas, nachempfunden. In Indien wird kurz vor der Teestunde das Pflanzenöl nochmals erhitzt, und die fertigen Pakorhas werden erneut kurz frittiert, um sie heiß zu servieren.

Ladyfingers in Tomatensahne

Aus dem Orient

- ⊕ schnell
- ⊖ kalorienarm
- ⊕ einfach
- ⊖ für Gäste
- ⊕ scharf
- ⊖ schärfer
- ⊖ sehr scharf

Zutaten

500 g frische Okraschoten, ersatzweise aus der Dose

1 große Zwiebel · 1 frische Chilischote

3 EL Pflanzenöl

1 TL brauner Zucker · 100 ml Sherry · 200 ml Gemüsebrühe

250 g Pizzatomaten (Tetra Pak oder Dose) · etwas Salz · etwas Pfeffer aus der Mühle · 1 TL getrockneter Oregano · 1/2 TL Kreuzkümmel · 1/4 TL scharfes Currypulver

200 g Sahne

Für 4 Personen
Zubereitungszeit: ca. 30 Min.
ca. 270 kcal je Portion

1 Die Okraschoten waschen, mit Küchenkrepp abtrocknen und die Stiele abschneiden. Die Schoten dabei nicht aufschneiden.

2 Die Zwiebel schälen und fein würfeln. Die Chilischote waschen, entkernen und in Streifen schneiden. Wenn man nicht mit Haushaltshandschuhen arbeitet, danach sofort die Hände waschen.

3 Den Wok heiß werden lassen und das Pflanzenöl darin erhitzen. Zwiebelwürfel und Chilistreifen im Öl andünsten und die Okraschoten hinzufügen.

4 Alles mit Zucker bestreuen, durchrühren und mit Sherry ablöschen. Die Brühe aufgießen und das Ganze etwa 5 Minuten kochen lassen.

5 Die Tomaten einrühren und alles etwa 5 Minuten dünsten. Mit Salz, Pfeffer, Oregano, Kreuzkümmel und Currypulver würzen.

6 Die Sahne einrühren, kurz erhitzen, erneut abschmecken und alles auf 4 vorgewärmte Teller oder Schalen verteilen.

Okraschoten

„Ladyfingers“ ist die englische Bezeichnung für Okraschoten. Dieses Gemüse ist die pelzige Schote der Rosenpappel, einer Eibischart. Man verwendet Okraschoten überwiegend in der orientalischen und kreolischen Küche. In Europa werden sie meist konserviert und nur selten frisch angeboten. Wenn Sie frische Okraschoten kaufen wollen, versuchen Sie es in türkischen, griechischen oder orientalischen Geschäften.

Variationen

Die Okraschoten können Sie mit 100 g gewürfeltem Kochschinken deftiger variieren. Auch gewürfelte Pellkartoffeln vom Vortag, vermischt mit den Okraschoten, schmecken sehr gut.
Zusätzlich frisch gehackte Petersilie oder Koriandergrün unterheben – dann ist das Gericht noch frischer.

Zutaten

400 g chinesische Weizenmehlnudeln · 6 EL Sojasauce
400 g frische Spinatblätter · etwas Salz
12 Knoblauchzehen · 2 Stangen Lauch
8 EL Pflanzenöl
etwas Pfeffer aus der Mühle · 1 TL Fünf-Gewürze-Pulver · 8 EL Reiswein · 4 EL scharfe, chinesische Chilisauce (Fertigprodukt) · 2 TL Sesamöl

Für 4 Personen
Zubereitungszeit: ca. 40 Min.
ca. 700 kcal je Portion

Spinat-Nudel-Wok

Aus China

- ⊕ schnell
- ⊖ kalorienarm
- ⊕ einfach
- ⊖ für Gäste
- ⊖ scharf
- ⊕ schärfer
- ⊖ sehr scharf

1 Die Weizenmehlnudeln in kurze Stücke brechen und in kochendem Wasser mit 1 TL Sojasauce etwa 3 Minuten kochen. Die Nudeln in ein Sieb abgießen, mit kaltem Wasser abschrecken und abtropfen lassen.

2 Die Spinatblätter putzen, waschen, in kochendem Salzwasser blanchieren, herausnehmen, kalt abschrecken und abtropfen lassen.

3 Die Knoblauchzehen schälen und fein würfeln. Den Lauch längs durchschneiden, Grün und Wurzelende entfernen, zwischen den Blattschichten waschen und quer in dünne Streifen schneiden.

4 Den Wok heiß werden lassen und das Pflanzenöl darin erhitzen. Die Knoblauchwürfel und die Lauchstreifen unter Rühren etwa 3 Minuten andünsten.

5 Die Nudeln sowie den Spinat unterheben und das Ganze kurz erwärmen. Alles mit Salz, Pfeffer, Fünf-Gewürze-Pulver, Sojasauce, Reiswein und Chilisauce würzen. Das Gericht auf 4 Teller verteilen und mit Sesamöl beträufeln.

Variationen

Den Spinat-Nudel-Wok mit Garnelen oder mit Fleisch- oder Fischstreifen variieren.

Tipps

Hierzu können Sie verschiedene chinesische Fertigsaucen wie Austernsauce oder chinesische Pflaumensauce servieren. Wenn Sie es noch schärfer mögen, schauen Sie doch einmal in Supermärkten oder Asienläden nach Chilisaucen. Auf den Gläsern ist vermerkt: mild, spicy (würzig) und hot (scharf). Ab und an entdeckt man auch die Aufschrift „very hot“, sehr scharf ...

Zutaten

300 g Spaghetti · etwas Salz ·
1 kleine Zucchini · 100 g Zuckerschoten (Mangetout)

1 Zwiebel · 4 Knoblauchzehen ·
2 frische Chilischoten ·
4 EL Pflanzenöl · 300 g geschälte Tomaten mit Saft (Dose)

etwas Pfeffer aus der Mühle ·
1 TL italienische Gewürzmischung

1 EL kaltgepresstes Olivenöl ·
50 g scharfe Kräuteroliven ·
100 g frisch geriebener Pecorino

Für 4 Personen
Zubereitungszeit: ca. 40 Min.
ca. 580 kcal je Portion

Nudel-Gemüse-Wok Arrabbiata

Aus Italien

1 Die Spaghetti in reichlich kochendem Salzwasser nach Packungsanleitung bissfest garen und in einem Sieb abtropfen lassen. Die Zucchini waschen, Stielenden entfernen und die Frucht in kleine Stücke schneiden. Die Zuckerschoten waschen, Stielenden entfernen und die Schoten nach Belieben quer halbieren.

2 Die Zwiebel sowie die Knoblauchzehen schälen und fein würfeln. Die Chilischoten waschen, entkernen und fein würfeln. Wenn man nicht mit Haushaltshandschuhen arbeitet, danach sofort die Hände waschen. Den Wok heiß werden lassen und das Pflanzenöl darin erhitzen. Zwiebel-, Knoblauch- und Chiliwürfel darin andünsten. Zucchini und Zuckerschoten 2 Minuten mitbraten. Die Tomaten kleiner schneiden und mit dem Saft in den Wok geben.

3 Alles mit Salz, Pfeffer und Gewürzmischung würzen. Die Spaghetti mit dem Olivenöl mischen und nur noch zum Erhitzen locker unter die Tomaten heben. Die Oliven untermischen und alles auf 4 vorgewärmte Teller verteilen. Mit Pecorino bestreuen.

Variationen

Mit einem Wok kann man eine wunderbare Nudelparty geben. Dazu verschieden gekochte Nudeln, klein geschnittenes Gemüse, Fleisch- und Fischstreifen und Garnelen rund um den Wok stellen. Jeder Gast wählt seine Zutaten aus und einer der Gastgeber bereitet daraus ein Gericht. Vergessen Sie nicht, alle Gewürze griffbereit zu haben.

Tipp

Dazu passen ofenfrische Bruschetta und gemischter Salat. Ein italienischer Wein, rot oder weiß, darf natürlich auch nicht fehlen.

- schnell +
- kalorienarm −
- einfach +
- für Gäste +
- scharf −
- schärfer +
- sehr scharf −

Hot-Chili-Pepper-Reis

Aus Thailand

- schnell
- kalorienarm
- einfach
- für Gäste
- scharf
- schärfer
- sehr scharf

Zutaten

2 frische Chilischoten · 1 Paprikaschote · 2 Knoblauchzehen · etwa 3 cm Ingwerwurzel

1/2 Bund Koriandergrün · 1 Stängel Zitronengras · 1 EL Pflanzenöl

500 g gekochter Duftreis vom Vortag · etwas Salz · etwas Pfeffer aus der Mühle · 1/2 TL gemahlene Nelken · 1/4 TL Chiligewürz

Für 4 Personen
Zubereitungszeit: ca. 40 Min.
ca. 280 kcal je Portion

1 Die Chilischoten waschen, Stielansätze entfernen und die Chilischoten mit den Kernen fein würfeln. Wenn man nicht mit Haushaltshandschuhen arbeitet, danach sofort die Hände waschen. Die Paprikaschote waschen, entkernen und in 1/2 cm große Stücke schneiden. Die Knoblauchzehen sowie die Ingwerwurzel schälen und fein würfeln.

2 Den Koriander waschen, trockentupfen, von den Stielen zupfen und fein hacken. Das Zitronengras waschen und in vier Stücke schneiden. Den Wok heiß werden lassen und das Pflanzenöl darin erhitzen.

3 Chili-, Paprika-, Knoblauch- und Ingwerwürfel unter Rühren andünsten. Den Duftreis hinzufügen und alles gut vermischen. Mit Salz, Pfeffer, Nelken und Chiligewürz würzen. Die Zitronengrasstücke auf einer Arbeitsfläche mit einem Fleischklopfer mehrmals platt klopfen. Diese Stücke mit dem Koriander unter den Reis mischen. Erneut abschmecken und sofort servieren.

Variationen

Dies ist ein hervorragendes Restegericht: Sie können z. B. Garnelen, Fleischreste, Fischstreifen oder Gemüsestücke unter den Reis mischen.
Braten Sie statt der frischen Chilischoten 2 EL thailändische Currypaste mit dem Reis. Wenn Sie die Kerne von Chilischoten mitbraten wie im Rezept oben, wird es schärfer.

Zitronengras

Das stark duftende Zitronengras zeichnet sich durch sein intensives Aroma aus, das sich am besten entfaltet, wenn Sie die Stücke zerquetschen. In Asien nimmt man immer das große Beil – den „Chopper“ – quer und schlägt damit auf das Zitronengras. Beachten Sie, dass die Stücke nicht mitgegessen werden.

Krabbenwok

Aus der Karibik

- schnell
- kalorienarm
- einfach
- für Gäste
- scharf
- schärfer
- sehr scharf

Zutaten

400 g geschälte Krabben · etwas Salz · etwas Pfeffer aus der Mühle · Saft von 2 Limetten

4 Knoblauchzehen · 1 Zwiebel · 2 frische Chilischoten · 1 rote Paprikaschote · 1/2 Bund Koriandergrün

4 EL Pflanzenöl

1/8 l Tomatensaft · 1 Prise Cayennepfeffer · 1 Prise gemahlenes Piment · 250 g gekochter Reis

Für 4 Personen
Zubereitungszeit: ca. 30 Min.
ca. 340 kcal je Portion

1 Die Krabben unter kaltem fließendem Wasser waschen und mit Küchenkrepp trockentupfen. Mit Salz, Pfeffer und der Hälfte des Limettensafts würzen.

2 Die Knoblauchzehen und die Zwiebel schälen und fein würfeln. Die Chilischoten waschen, entkernen und fein würfeln. Wenn man nicht mit Haushaltshandschuhen arbeitet, danach sofort die Hände waschen. Die Paprikaschote waschen, entkernen und in etwa 1/2 cm große Stücke schneiden. Den Koriander waschen, trockentupfen, von den Stielen zupfen und nach Belieben fein hacken.

3 Den Wok heiß werden lassen und darin die Hälfte des Pflanzenöls erhitzen. Das Krabbenfleisch unter Rühren 2 Minuten braten, dann herausnehmen und auf einen Teller legen. Das restliche Pflanzenöl im Wok erhitzen und darin Knoblauch-, Zwiebel-, Chili- und Paprikawürfel 2 Minuten braten.

4 Den Tomatensaft zugießen. Alles mit Cayennepfeffer, Piment, Salz, Pfeffer und dem restlichen Limettensaft würzen. Reis und Krabbenfleisch nur noch zum Erwärmen unterziehen. Das Ganze auf 4 vorgewärmte Teller verteilen und mit dem Koriandergrün bestreuen bzw. garnieren.

Variationen

Nehmen Sie statt Limettensaft Zitronen- oder Orangensaft. Sie können die Krabben durch Garnelen, Fischfiletstreifen oder gemischte Meeresfrüchte ersetzen.
Den Reis separat kochen und die Tomaten-Krabben auf Reishügeln servieren. Jeden Teller rundum mit frischen Chilischoten garnieren.

Zutaten

500 g frische Tintenfischtuben, ersatzweise TK-Tintenfischringe ·
2 Knoblauchzehen · 2 EL Olivenöl

250 g Zucchini · 1 Bund Frühlingszwiebeln · 1 Bund Petersilie

1 TL Fenchelsamen ·
2 Gewürznelken · 1 Prise gemahlener Piment ·
1 EL scharfer, gemahlener Curry

3 EL Erdnussöl · etwas Salz · etwas Pfeffer aus der Mühle ·
1/2 l Kokosmilch

1 EL Orangensaft ·
1 frische, rote Chilischote

Für 4 Personen
Zubereitungszeit: ca. 50 Min.
ca. 310 kcal je Portion

Tintenfisch mit Zucchini

Aus Asien

1 Die Tintenfische unter kaltem fließendem Wasser waschen, mit Küchenkrepp trockentupfen und in Streifen oder dünne Ringe schneiden. Den Knoblauch schälen, fein hacken, mit dem Olivenöl verrühren und mit den Tintenfischstücken vermengen.

2 Die Zucchini waschen, Stielenden entfernen, das Fruchtfleisch längs vierteln und quer in Scheibchen schneiden. Die Frühlingszwiebeln putzen und fein hacken. Die Petersilie waschen, trockentupfen, von den Stielen zupfen und ebenfalls fein hacken.

3 Den Wok heiß werden lassen und darin unter ständigem Rühren Fenchel, Gewürznelken, Piment und Curry 1 Minute anbraten. Das Öl zugießen und die Frühlingszwiebeln darin andünsten. Bei starker Hitze die Tintenfische hinzufügen und 2 Minuten braten. Mit Salz und Pfeffer würzen. Mit Kokosmilch aufgießen und bei mittlerer Hitze etwa 30 Minuten schmoren.

4 Zucchini und Petersilie einrühren und alles weitere 5 Minuten schmoren. Erneut abschmecken und den Orangensaft zugeben. Das Ganze auf 4 vorgewärmte Teller verteilen. Die Chilischote waschen, entkernen, fein würfeln oder in Streifen schneiden und darüber streuen. Wenn man nicht mit Haushaltshandschuhen arbeitet, danach sofort die Hände waschen. Abschließend noch etwas Pfeffer darauf geben.

schnell ⊖
kalorienarm ⊖
einfach ⊕
für Gäste ⊖
scharf ⊖
schärfer ⊕
sehr scharf ⊖

Tipps

Gemahlenen Curry, der immer aus mindestens sieben verschiedenen Gewürzen besteht, gibt es von mild bis sehr scharf. Lassen Sie sich im Asienladen beraten oder lesen Sie auf der Verpackung die Zutaten nach.
Als Beilage Reis oder Nudeln servieren.

Bunter Makkaroniwok

Aus Italien

- schnell
- kalorienarm
- **einfach**
- für Gäste
- **scharf**
- schärfer
- sehr scharf

Zutaten

300 g Makkaroni · etwas Salz

200 g geschälte Garnelen · etwas Pfeffer aus der Mühle · Saft von 1/2 Zitrone · 200 g Zucchini

100 g Gemüsemais · 3 EL Pflanzenöl · 1 TL getrockneter Oregano · 1 TL getrocknetes Basilikum · 1 Msp. Cayennepfeffer

1 EL Tomatenmark · 200 g Sahne

Für 4 Personen
Zubereitungszeit: ca. 30 Min.
ca. 580 kcal je Portion

1 Die Makkaroni nach Packungsanweisung in ausreichend Salzwasser garen, in ein Sieb abgießen und abtropfen lassen.

2 Die Garnelen mit Salz und Pfeffer würzen und mit dem Zitronensaft beträufeln. Die Zucchini waschen, längs vierteln und quer in Scheibchen schneiden.

3 Den Gemüsemais in einem Sieb abtropfen lassen. Den Wok heiß werden lassen und darin das Pflanzenöl erhitzen. Zucchini und Mais unter Rühren 2 Minuten andünsten. Die Makkaroni und die Garnelen unterheben. Mit Salz, Pfeffer, Oregano, Basilikum und Cayennepfeffer würzen.

4 Das Tomatenmark mit der Sahne glatt rühren und über den Inhalt des Woks gießen. Erneut durchmischen, abschmecken und sofort servieren.

Variationen

Dieses Gericht ist bestens dazu geeignet, abgewandelt zu werden. Also lassen Sie Ihrer Phantasie freien Lauf oder betreiben Sie Resteverwertung ...

Tipps

Dazu schmeckt am besten ein bunt gemischter Salat mit einer Sauce Vinaigrette. Als Getränk zu diesem italienischen Gericht empfiehlt sich frischer, trockener Weißwein aus der Toskana, z. B. von der Villa Antinori. Nach Belieben die rohen Makkaroni vor dem Kochen in kurze Stücke brechen. Allerdings ist es eine Herausforderung, die Makkaroni unbeschädigt aus dem Wok zu holen. Am besten nehmen Sie zwei Holzspatel, gehen vom Seitenrand tief an den Wokboden heran und heben beide Holzspatel hoch. Sie verletzen so kein Gemüse und auch keine Nudel.

Zutaten

500 g weißes, festes Fischfilet (Kabeljau, Merlan) · 5 rote Chilischoten · 4 EL Pflanzenöl · etwas Salz · etwas Pfeffer aus der Mühle

1/2 Fenchelknolle · 10 Knoblauchzehen ·

1/8 l trockener Weißwein · 1/2 l Fischbrühe oder -fond (Instant oder aus dem Glas)

Für 4 Personen
Zubereitungszeit: ca. 30 Min.
ca. 310 kcal je Portion

Fischwok mit Knoblauch

Aus Europa

- ⊕ schnell
- ⊕ kalorienarm
- ⊕ einfach
- ⊕ für Gäste
- ⊖ scharf
- ⊕ schärfer
- ⊖ sehr scharf

1 Das Fischfilet unter kaltem fließendem Wasser waschen und mit Küchenkrepp trockentupfen. In etwa 2 x 1 cm große Stücke schneiden. Die Chilischoten waschen, eine davon entkernen und fein würfeln. Wenn man nicht mit Haushaltshandschuhen arbeitet, danach sofort die Hände waschen. Die Chilischote mit 2 EL Öl verrühren. Die Fischstücke mit Salz und Pfeffer würzen und in eine Schüssel legen. Mit dem Chiliöl vermengen und stehen lassen.

2 Den Fenchelstrunk entfernen. Den Fenchel waschen und in etwa 1/2 cm große Streifen schneiden. Die Knoblauchzehen schälen und je nach Größe vierteln oder achteln. Den Wok heiß werden lassen, das restliche Pflanzenöl erhitzen und die Knoblauchstücke sowie die Fenchelstreifen darin 5–8 Minuten dünsten.

3 Den Wokinhalt mit Weißwein ablöschen und mit Fischbrühe aufgießen. Nach dem ersten Aufkochen die Hitze reduzieren und die Fischstücke mit dem Chiliöl einrühren. Den Fisch etwa 5 Minuten ziehen lassen. Erneut abschmecken und auf 4 Schalen verteilen. Mit je einer frischen Chilischote und eventuell frischen Kräutern garnieren.

Tipp

Noch schärfer wird es, wenn Sie die frischen Chilischoten im Wok mitgaren.

Variationen

Die Fischstücke in heißem Pflanzenöl kurz braten und unter den Knoblauchwok ziehen.
Ersetzen Sie das Fischfilet durch Tintenfische oder Garnelen.

Currygarnelen in Kokossahne

Aus Thailand

Zutaten
500 g geschälte Riesengarnelen · etwa 2 cm frische Ingwerwurzel · 5 Frühlingszwiebeln
1 getrocknete rote Chilischote · 1 TL Korianderkörner · 1 TL schwarze Pfefferkörner · 2 Gewürznelken · 1/2 Bund frisches Koriandergrün
4 EL Pflanzenöl · etwas Salz · 1 TL gemahlene Kurkuma · 3 EL Sherry · 3 EL Sojasauce · 1/2 l Kokosmilch

Für 4 Personen
Zubereitungszeit: ca. 40 Min.
ca. 300 kcal je Portion

schnell ⊖
kalorienarm ⊖
einfach ⊕
für Gäste ⊕
scharf ⊖
schärfer ⊕
sehr scharf ⊖

1 Die Riesengarnelen am Rücken entlang einschneiden, den Darmfaden entfernen und die Garnelen unter kaltem fließendem Wasser waschen. Mit Küchenkrepp trockentupfen. Die Ingwerwurzel schälen und fein hacken. Die Frühlingszwiebeln putzen und fein würfeln.

2 Die Chilischote waschen, entkernen und fein würfeln. Wenn man nicht mit Haushaltshandschuhen arbeitet, danach sofort die Hände waschen. Die Chilischote mit den Koriander- und Pfefferkörnern sowie den Gewürznelken im Mörser zerreiben. Das Koriandergrün waschen, trockentupfen, von den Stielen zupfen und nach Belieben fein hacken.

3 Den Wok heiß werden lassen und das Pflanzenöl darin erhitzen. Frühlingszwiebeln, Chiliwürfel und Ingwer anbraten. Die Gewürze aus dem Mörser mit Salz und Kurkuma einrühren und mit Sherry und Sojasauce ablöschen. Mit Kokosmilch aufgießen und nach dem ersten Aufkochen die Riesengarnelen einlegen. Diese nur noch sanft ziehen lassen. Das Koriandergrün untermischen oder das Gericht damit garnieren, erneut abschmecken und servieren.

Tipp
Dazu passen alle Sorten Reis, bevorzugt Wildreismischungen, Duftreis oder Basmatireis.

Variation
Die Riesengarnelen mit den Frühlingszwiebeln anbraten und aufgießen.

Zutaten

600 g gemischte Meeresfrüchte (TK-Ware) · etwas Salz · 2 Lorbeerblätter
2 frische, rote Chilischoten · ½ Bund glattblättrige Petersilie · 500 g Fleischtomaten
1 große Zwiebel · 2 Knoblauchzehen · 3 EL Pflanzenöl
etwas Pfeffer aus der Mühle · 1 Döschen gemahlener Safran · 1 Msp. Cayennepfeffer
⅛ l trockener Weißwein

Für 4 Personen
Zubereitungszeit: ca. 40 Min.
ca. 270 kcal je Portion

Meeresfrüchte im Safransud

Aus Italien

- schnell
- kalorienarm
- einfach
- für Gäste
- scharf
- schärfer
- sehr scharf

1 Die Meeresfrüchte waschen und in einem Sieb abtropfen lassen. Etwa ½ l Salzwasser mit den Lorbeerblättern aufkochen und die Meeresfrüchte etwa 10 Minuten darin garen.

2 Inzwischen die Chilischoten waschen, entkernen und fein würfeln. Wenn man nicht mit Haushaltshandschuhen arbeitet, danach sofort die Hände waschen. Die Petersilie waschen, trockentupfen, von den Stielen zupfen und fein hacken. Die Fleischtomaten über Kreuz einritzen, kurz überbrühen, abschrecken und enthäuten. Die Tomaten vierteln, die Stielansätze herausschneiden und die Tomaten entkernen. Das Fruchtfleisch grob würfeln.

3 Die Zwiebel und die Knoblauchzehen schälen und fein würfeln. Die Meeresfrüchte in ein Sieb gießen und den Sud auffangen. Den Wok heiß werden lassen und das Pflanzenöl darin erhitzen.

4 Zwiebel-, Knoblauch- und Chiliwürfel im Pflanzenöl andünsten. Die Meeresfrüchte hinzufügen und unter ständigem Rühren etwa 5 Minuten braten. Mit Salz, Pfeffer, Safran und Cayennepfeffer würzen.

5 Den Inhalt des Woks mit dem Wein ablöschen und mit etwa 50 ml Meeresfrüchtesud übergießen. Die Tomaten einrühren, erneut abschmecken und die Petersilie unterrühren.

Tipps

Die Meeresfrüchte auf italienischen Bandnudeln servieren – *perfetto!*
Perfekt sind natürlich auch frische gemischte Meeresfrüchte, bestehend aus Garnelen, Muscheln und Tintenfischringen.

Zutaten

2 große Zwiebeln · 4 Knoblauchzehen · 1/2 Bund glattblättrige Petersilie · 400 g Lachsfilet
2 getrocknete Chilischoten · je 1 TL Pimentkörner, schwarze Pfefferkörner, Kreuzkümmel und Korianderkörner · 400 g geschälte Tomaten mit Saft (Dose)
6 EL Pflanzenöl · etwas Salz · etwas Pfeffer aus der Mühle
1/2 TL edelsüßes Paprikapulver · 2 EL Weißweinessig
1/4 l Gemüsebrühe · etwas Dill

Für 4 Personen
Zubereitungszeit: ca. 35 Min.
ca. 370 kcal je Portion

Lachswok mit Zwiebeln

Aus Europa

1 Die Zwiebeln schälen, halbieren und in Streifen schneiden. Die Knoblauchzehen schälen und fein würfeln. Die Petersilie waschen, trockentupfen, von den Stielen zupfen und fein hacken. Das Lachsfilet in etwa 1 cm große Würfel schneiden.

2 Die Chilischoten zerbröseln und mit den Gewürzen im Mörser zerstoßen. Die Tomaten klein schneiden und wieder zurück in den Saft legen.

3 Den Wok heiß werden lassen und darin 2 EL Pflanzenöl erhitzen. Die Lachswürfel mit Salz und Pfeffer würzen und im Wok von allen Seiten 4 Minuten braten. Herausnehmen und auf einen Teller legen.

4 Das restliche Pflanzenöl im Wok erhitzen und darin Zwiebelstreifen, Knoblauch und zerstoßene Gewürze etwa 5 Minuten andünsten. Mit Paprikapulver bestäuben, mit Weißweinessig beträufelnm und mit Dill garnieren.

5 Die Gemüsebrühe in den Wok gießen und alles unter häufigem Rühren etwa 5 Minuten dünsten. Erneut abschmecken, mit der Petersilie verrühren und die Lachswürfel unterziehen. Sofort servieren.

Tipps

Nach Belieben die Lachsstücke etwas kleiner schneiden. Zu diesem Gericht passen Bratkartoffeln oder Folienkartoffeln. Sie können auch gekochte Kartoffelscheiben mit in den Wok geben.

Variationen

Statt Lachs anderes festes Fischfleisch nehmen, etwa Schwertfisch, Zander, Thunfisch oder Goldbrasse. Zusätzlich Garnelen untermischen.

schnell +
kalorienarm +
einfach +
für Gäste −
scharf −
schärfer +
sehr scharf −

Gedämpfte Fischfilets

Aus Indien

- schnell
- kalorienarm
- einfach
- für Gäste
- scharf
- schärfer
- sehr scharf

Zutaten

4 Fischfilets (je etwa 200 g) · etwas Salz · etwas Pfeffer aus der Mühle · Saft von 1 Zitrone

etwa 2 cm frische Ingwerwurzel · 1 Zwiebel · 2 Knoblauchzehen · 2 frische, grüne Chilischoten · 1 Bund frisches Koriandergrün

100 g Kokospaste · 6 EL Pflanzenöl · 1 TL gemahlener Kreuzkümmel · 1 TL Bockshornklee

Für 4 Personen
Zubereitungszeit: ca. 40 Min.
ca. 520 kcal je Portion

1 Die Fischfilets waschen und mit Küchenkrepp trockentupfen. Mit Salz, Pfeffer und Zitronensaft würzen.

2 Die Ingwerwurzel, die Zwiebel und die Knoblauchzehen schälen und fein würfeln. Die Chilischoten waschen, entkernen und fein würfeln. Wenn man nicht mit Haushaltshandschuhen arbeitet, danach sofort die Hände waschen. Das Koriandergrün waschen, trockentupfen, von den Stielen zupfen und fein hacken.

3 Die Kokospaste mit 5 EL Pflanzenöl verrühren. Ingwer, Zwiebel, Knoblauch, Chili, Kreuzkümmel und Bockshornklee unterrühren.

4 Den Wok heiß werden lassen und die Gewürzmischung unter ständigem Rühren 3–5 Minuten braten. 4 Aluminiumfolienstücke auf einer Arbeitsplatte auslegen und mit dem restlichen Pflanzenöl bestreichen. Jedes Fischfilet mit der Würzpaste auf der Ober- und Unterseite bestreichen.

5 Je ein Fischfilet auf ein Folienstück legen, die Seiten einschlagen und oben fest verschließen. Den Wok auswischen und 1 Tasse Wasser darin aufkochen. Den Dämpfeinsatz in den Wok geben und die Fischpäckchen darauf legen. Den Wok mit einem Deckel verschließen und die Fischstücke etwa 20 Minuten dämpfen. Die Fischpakete verschlossen auf die Teller verteilen.

Tipp

In Asien hüllt man die Fischfilets oder sogar ganze Fische in Bananenblätter. Da man bei uns nicht überall Bananenblätter bekommt, ist Aluminiumfolie eine praktische Alternative.

Variation

Die Kokospaste weglassen. Gemüse und Kräuter in sehr wenig Pflanzenöl anbraten, die Fischfilets mit der Mischung bestreichen und mit etwas Weißwein beträufeln.

Zutaten

$^1/_2$ Bund frisches Koriandergrün ·
2 Schalotten · 200 g frische Austernpilze
2 Knoblauchzehen ·
etwa 2 cm frische Ingwerwurzel ·
2 Stängel Zitronengras
8 Stück Zwergchilis ·
8–12 geschälte Riesengarnelen
3 EL Chilipaste in Öl · $^3/_4$ l Geflügelbrühe
4 EL Fischsauce ·
Saft von $^1/_2$ Limette

Für 4 Personen
Zubereitungszeit: ca. 30 Min.
ca. 300 kcal je Portion

Säuerliche Garnelensuppe

Aus Thailand

- schnell
- kalorienarm
- einfach
- für Gäste
- scharf
- schärfer
- sehr scharf

1 Den Koriander waschen, trockentupfen, von den Stielen zupfen und fein hacken. Die Schalotten schälen und fein würfeln. Die Austernpilze waschen, mit Küchenkrepp trockentupfen und in Streifen schneiden.

2 Die Knoblauchzehen sowie den Ingwer schälen und fein würfeln. Die Zitronengrasstängel waschen, mit einem Fleischklopfer zerquetschen und in je drei Stücke schneiden.

3 Die Zwergchilis waschen. Die Riesengarnelen unter kaltem fließendem Wasser waschen, am Rücken entlang einschneiden und den Darmfaden entfernen.

4 Den Wok heiß werden lassen und die Chilipaste unter ständigem Rühren 1 Minute anbraten. Schalotten- , Knoblauch- und Ingwerwürfel hinzufügen und 2 Minuten mitbraten. Mit Geflügelbrühe aufgießen, einmal aufkochen und bei mittlerer Hitze köcheln lassen.

5 Austernpilze, Zitronengras, Zwergchilis, Riesengarnelen, Fischsauce und Limettensaft einrühren. Die Suppe etwa 5 Minuten ziehen lassen und zuletzt den Koriander einrühren.

Tipp

Zu diesem Gericht können Sie frittiertes Krabbenbrot (Krupuk) oder Reisplätzchen reichen. In Thailand heißt diese Suppe Tom Yum Goong – es ist die Nationalsuppe Thailands.

Variation

Sollten Sie ein gutes Thai-Geschäft oder einen Asienladen in Ihrer Nähe haben, bekommen Sie dort mit etwas Glück frische Kaffir-Limonenblätter und frischen Galgant zum Aromatisieren der Suppe.

Muscheln im Pfeffersud

Aus Europa

Zutaten

2 kg frische Venus- oder Miesmuscheln · 1/2 Bund glattblättrige Petersilie

1 große Zwiebel · 2 Knoblauchzehen · 1 getrocknete Chilischote

3 EL Pflanzenöl · etwas Salz · 1 EL schwarze Pfefferkörner · 1/4 l trockener Weißwein · 1/4 l Gemüsebrühe · 100 g Sahne

schnell ⊖
kalorienarm ⊕
einfach ⊕
für Gäste ⊖
scharf ⊖
schärfer ⊕
sehr scharf ⊖

Für 4 Personen
Zubereitungszeit: ca. 50 Min.
ca. 580 kcal je Portion

1 Die Muscheln unter kaltem fließendem Wasser bürsten. Dann in kaltem Wasser mehrfach wässern, bis das Wasser klar bleibt. Bereits geöffnete Muscheln wegwerfen. Die Petersilie waschen, trockentupfen, von den Stielen zupfen und grob hacken.

2 Die Zwiebel schälen, halbieren und in feine Streifen schneiden. Die Knoblauchzehen schälen und fein würfeln. Die Chilischote zerbröseln.

3 Den Wok heiß werden lassen und das Pflanzenöl darin erhitzen. Unter ständigem Rühren Zwiebel, Knoblauch und Chili darin andünsten. Salz, Pfefferkörner und Petersilie einrühren. Mit Weißwein, Brühe und Sahne aufgießen und aufkochen lassen.

4 Die Muscheln hineinlegen und den Wok mit einem Deckel verschließen. Die Muscheln bei starker Hitze etwa 5 Minuten kochen lassen. Den Deckel abnehmen und geschlossene Muscheln wegwerfen. Die Muscheln auf Teller verteilen und den Sud eventuell noch etwas nachwürzen.

Variationen
Kalorienärmer wird der Pfeffersud ohne Sahne.
Zum Nachwürzen Chiliöl, Cayennepfeffer oder Tabasco verwenden.

Tipp
Servieren Sie zum Trinken dieselbe Weinsorte, die Sie für den Muschelsud verwendet haben.

Red Snapper in Currysauce

Aus der Karibik

- ⊕ schnell
- ⊕ kalorienarm
- ⊕ einfach
- ⊕ für Gäste
- ⊖ scharf
- ⊕ schärfer
- ⊖ sehr scharf

1 Die Fischfilets unter kaltem fließendem Wasser waschen, mit Küchenkrepp trockentupfen und in etwa 1 cm breite Streifen schneiden. Mit Salz, Pfeffer und Piment würzen und mit Limettensaft beträufeln.

2 Die Paprikaschote waschen, entkernen und in etwa 1/2 cm große Würfel schneiden. Die Zwiebel und die Knoblauchzehen schälen und fein würfeln. Die Chilischoten waschen, entkernen und fein würfeln. Wenn man nicht mit Haushaltshandschuhen arbeitet, danach sofort die Hände waschen.

3 Den Koriander waschen, trockentupfen, von den Stielen zupfen und fein hacken. Den Mais in einem Sieb abtropfen lassen. Die Fischfiletstreifen in Mehl wenden.

4 Den Wok heiß werden lassen und etwa 6 EL Erdnussöl darin erhitzen. Die Fischfilets von allen Seiten etwa 3 Minuten knusprig braten. Herausnehmen und auf einen Teller legen.

5 Das restliche Erdnussöl in den Wok gießen und darin Chili-, Paprika-, Knoblauch- und Zwiebelwürfel andünsten. Mit Muskatblüte, Currypulver, Kreuzkümmel, Salz und Pfeffer würzen. Mit Zucker bestreuen und mit Rum ablöschen.

6 Den Inhalt des Woks mit Brühe aufgießen, aufkochen lassen und den Gemüsemais einrühren. Alles bei mittlerer Hitze etwa 5 Minuten köcheln lassen. Erneut abschmecken, Koriander und Fischstreifen unterziehen und sofort servieren.

Zutaten

500 g Red-Snapper-Filet · etwas Salz · etwas Pfeffer aus der Mühle · 1 Msp. gemahlener Piment · Saft von 1 Limette

1 rote Paprikaschote · 1 kleine Zwiebel · 2 Knoblauchzehen · 2 frische Chilischoten

1/2 Bund frisches Koriandergrün · 250 g Gemüsemais (Dose) · Mehl zum Wenden

10 EL Erdnussöl

1/4 TL gemahlene Muskatblüte · 1/2 TL scharfes Currypulver · 1/2 TL Kreuzkümmel · 1 TL brauner Zucker · 5 cl weißer Rum

1/4 l Fisch- oder Gemüsebrühe (Instant)

Für 4 Personen
Zubereitungszeit: ca. 40 Min.
ca. 520 kcal je Portion

Tipp
Nach karibischer Art Rosinenreis und frittierte Bananenchips dazu essen.

Variationen
Etwa 50 g Kokospaste in die Brühe geben oder das Gemüse mit 1/4 l Kokosmilch aufgießen.

Zutaten

500 g fest kochende Kartoffeln · etwas Salz · 2 frische Rosmarinzweige

4 Frühlingszwiebeln · 4 Knoblauchzehen · 300 g Kaninchenfilets · etwas Pfeffer aus der Mühle

5 EL Pflanzenöl · 1 Msp. Rosenpaprikapulver

1 TL getrockneter Thymian

1 EL scharfer Dijonsenf · 50 ml Sherry

Für 4 Personen
Zubereitungszeit: ca. 50 Min.
ca. 340 kcal je Portion

Kaninchenwok mit Kartoffeln

Aus Deutschland

- schnell
- kalorienarm
- einfach
- für Gäste
- scharf
- schärfer
- sehr scharf

1 Die Kartoffeln waschen, schälen, in etwa 1 cm große Stücke schneiden und in wenig Salzwasser etwa 20 Minuten garen. Rosmarinzweige waschen, einen Zweig zu den Kartoffeln geben und einen abzupfen.

2 Die Frühlingszwiebeln putzen und klein hacken. Die Knoblauchzehen schälen und klein würfeln. Die Kaninchenfilets in schmale Streifen schneiden. Mit Salz und Pfeffer würzen.

3 Die Kartoffeln abgießen, gut abkühlen lassen und den Rosmarinzweig entfernen. Den Wok heiß werden lassen und darin die Hälfte des Öls erhitzen. Die Kartoffelstücke von allen Seiten anbraten. Mit Salz, Pfeffer und Paprika würzen. Bei starker Hitze etwa 5 Minuten weiterbraten.

4 Die Kartoffeln aus dem Wok nehmen und auf einen Teller legen. Das restliche Öl in den Wok gießen und darin Knoblauch und Frühlingszwiebeln andünsten. Die Kaninchenstreifen hinzufügen und unter schnellem Rühren 2 Minuten braten. Mit Rosmarin, Thymian und Paprika würzen.

5 Senf und Sherry verrühren und mit dem Inhalt des Woks vermischen. Kurz vor dem Servieren die Kartoffeln vorsichtig unterheben. Erneut abschmecken und das Gericht sofort servieren.

Variation

1 EL scharfes Mangochutney im Wok verleiht dem Gericht zusätzliche exotische Würze.

Tipps

Zum Servieren ein Schälchen Crème fraîche, frisch gehackte Kräuter und nach Geschmack grüne und schwarze Oliven dazureichen. Perfekt wird das Gericht, wenn Sie es mit aromatischem, intensiv duftendem Thymian würzen.

Straußenwok mit Spinat

Australien

schnell ⊖
kalorienarm ⊕
einfach ⊕
für Gäste ⊖
scharf ⊖
schärfer ⊖
sehr scharf ⊕

Zutaten

400 g Straußenfilet · 2 getrocknete Chilischoten · 6 EL Pflanzenöl

4 Frühlingszwiebeln · 2 Knoblauchzehen · 200 g frische Spinatblätter · etwas Salz

etwas Pfeffer aus der Mühle · 2 EL Mandelblättchen · 2 EL gemahlene Mandeln

1/8 l Hühnerbrühe · 1 TL rosa Pfefferkörner

Für 4 Personen
Zubereitungszeit: ca. 40 Min.
Marinierzeit: ca. 2 Std.
ca. 370 kcal je Portion

1 Das Straußenfilet in schmale Streifen schneiden. Die Chilischoten zerbröseln und mit 2 EL Pflanzenöl verrühren. Mit dem Straußenfilet vermengen und zugedeckt 2 Stunden in den Kühlschrank stellen.

2 Die Frühlingszwiebeln putzen und fein würfeln. Die Knoblauchzehen schälen und fein würfeln. Den Spinat putzen, waschen und in kochendem Salzwasser blanchieren. Mit eiskaltem Wasser abschrecken und abtropfen lassen.

3 Die Straußenfiletstreifen mit Salz und Pfeffer würzen. Den Wok heiß werden lassen und die Mandelblättchen darin rösten, bis sie duften. Herausnehmen und auf einen Teller geben. Die Straußenfiletstreifen in den gemahlenen Mandeln wenden. Im Wok 2 EL Pflanzenöl erhitzen und die Fleischstreifen darin von allen Seiten braten und wieder herausnehmen.

4 Das restliche Pflanzenöl im Wok erhitzen und darin Frühlingszwiebeln sowie Knoblauch andünsten. Die Hühnerbrühe angießen, kurz aufkochen lassen und den Spinat dazugeben. Mit Salz, Pfeffer und den Pfefferkörnern würzen. Die Fleischstreifen mit dem entstandenen Bratensaft unterziehen und nicht mehr kochen lassen. Erneut abschmecken und auf 4 Teller verteilen. Mit den gerösteten Mandelblättchen garnieren.

Rosa Pfefferkörner
Botanisch gesehen zählen rosa Pfefferkörner nicht zu den Pfeffergewächsen, da sie mit Zucker behandelte Körner einer Baumfrucht sind. Sie schmecken mild-pfeffrig und geben Gerichten einen würzigen Touch.

Huhn mit Nüssen und Zitronengras

Aus China

- schnell
- kalorienarm
- einfach
- für Gäste
- scharf
- schärfer
- sehr scharf

Zutaten

400 g Hähnchenbrustfilet ·
2 Stängel Zitronengras ·
4 Frühlingszwiebeln ·
etwas Salz · 1/4 TL schwarzer Pfeffer aus der Mühle

2 frische, rote Chilischoten ·
100 g ungesalzene Erdnüsse

3 EL Pflanzenöl · 1 EL Zucker ·
3 EL Sojasauce

Für 4 Personen
Zubereitungszeit: ca. 20 Min.
Marinierzeit: ca. 30 Min.
ca. 360 kcal je Portion

1 Das Hähnchenbrustfilet in schmale Streifen schneiden. Das Zitronengras waschen und klein schneiden. Die Frühlingszwiebeln putzen und fein würfeln. Die Filetstreifen mit Zitronengras, Frühlingszwiebeln, Salz und Pfeffer vermengen. Mit Frischhaltefolie bedecken und für 30 Minuten in den Kühlschrank stellen.

2 Die Chilischoten waschen, entkernen und fein würfeln. Wenn man nicht mit Haushaltshandschuhen arbeitet, danach sofort die Hände waschen. Die Erdnüsse in ein Küchentuch wickeln und mit dem Fleischklopfer zerkleinern. Den Wok heiß werden lassen und darin die Erdnüsse unter Rühren rösten, bis sie duften. Herausnehmen und auf einen Teller legen.

3 Das Pflanzenöl im Wok erhitzen und darin die Hähnchenbrustmischung 4 Minuten rühren. Chili hinzufügen und weitere 4 Minuten braten. Mit Zucker und Sojasauce würzen. Die Erdnüsse unterheben, das Gericht erneut abschmecken, eventuell mit frischen Kräutern garnieren und sofort servieren.

Variation

Sie können das Gericht mit Chilisauce oder chinesischem Pfeffer noch schärfer machen. Chinesischer Pfeffer, auch Szetchuanpfeffer oder Anispfeffer genannt, wird aus getrockneten Beeren eines kleinen chinesischen Baumes gewonnen und hat eine rötlich braune Farbe. In Asienläden ist er entweder gemahlen oder ganz erhältlich.

Tipps

Servieren Sie dieses Gericht auf Glasnudeln, chinesischen Eiernudeln oder Reis.
Das Zitronengras dient nur zum Würzen, man sollte es nicht mitessen.

Paprikafleisch mit Kümmel

Aus der Karibik

- schnell
- kalorienarm
- einfach
- für Gäste
- scharf
- schärfer
- sehr scharf

Zutaten

400 g Schweinelendchen ·
5 Knoblauchzehen ·
1 EL Schwarzkümmel ·
1/4 TL gemahlener Piment ·
5–8 Tropfen roter Tabasco ·
1 EL Weißweinessig ·
4 EL Olivenöl

1 große Zwiebel · je 1 grüne und
1 rote Paprikaschote

etwas Salz · 3 EL Pflanzenöl ·
1 Msp. Rosenpaprikapulver ·
etwas Pfeffer aus der Mühle ·
100 ml Fleischbrühe

Für 4 Personen
Zubereitungszeit: ca. 30 Min.
Marinierzeit: ca. 2 Std.
ca. 330 kcal je Portion

1 Das Fleisch in schmale Streifen schneiden. Die Knoblauchzehen schälen und durch eine Knoblauchpresse drücken. Den Knoblauch mit Schwarzkümmel, Piment, Tabasco, Weißweinessig und Olivenöl verrühren. Alles mit den Fleischstreifen vermengen, zudecken und mindestens 2 Stunden in den Kühlschrank stellen.

2 Die Zwiebel schälen, halbieren und in Streifen schneiden. Die Paprikaschoten waschen, entkernen und in etwa 1/2 cm große Stücke schneiden.

3 Den Wok heiß werden lassen und das Fleisch darin unter Rühren von allen Seiten braten. Herausnehmen, auf einen Teller legen und salzen. Das Pflanzenöl im Wok erhitzen und die Zwiebelstreifen sowie die Paprikastücke darin etwa 5 Minuten dünsten. Mit Paprikapulver, Salz und Pfeffer würzen. Die Brühe angießen und alles etwa 5 Minuten schmoren lassen.

4 Die Fleischstreifen unter den Inhalt des Woks mischen. Das Ganze einige Male durchrühren, erneut abschmecken, eventuell mit frischen Kräutern garnieren und sofort servieren.

Variation
Für Gäste das karibische Gericht mit weißem Rum flambieren.

Tipp
Dazu passen Reis, Maisbrei oder Süßkartoffeln.

Zutaten

400 g Hähnchenschnitzel ·
2 EL Worcestersauce · 1/2 Bund glattblättrige Petersilie

250 g geschälte Tomaten mit Saft · 100 g Chili-Tomaten-Ketchup · je 1 TL Kreuzkümmel, Senfsamen, Korianderkörner, getrockneter Oregano und Thymian · etwa 5 Tropfen Tabasco, nach Belieben

1 Zwiebel · 2 Knoblauchzehen · 4 EL Pflanzenöl · etwas Salz · etwas Pfeffer aus der Mühle

250 g Erbsen (TK-Ware) ·
1 EL Orangensaft

Für 4 Personen
Zubereitungszeit: ca. 40 Min.
ca. 320 kcal je Portion

Hähnchenwok mit Erbsen

Aus den USA

schnell +
kalorienarm −
einfach +
für Gäste +
scharf −
schärfer +
sehr scharf −

1 Die Schnitzel in schmale Streifen schneiden und mit Worcestersauce vermengen. Die Petersilie waschen, trockentupfen, von den Stielen zupfen und fein hacken.

2 Die Tomaten klein schneiden, zurück in den Saft legen und mit Chili-Tomaten-Ketchup sowie den Gewürzen verrühren.

3 Die Zwiebel und die Knoblauchzehen schälen und fein würfeln. Den Wok heiß werden lassen und die Hälfte des Öls darin erhitzen. Unter ständigem Rühren die Hähnchenstreifen braten, herausnehmen, auf einen Teller legen und mit Salz und Pfeffer würzen.

4 Das restliche Pflanzenöl im Wok erhitzen. Zwiebel- und Knoblauchwürfel darin andünsten. Tomatengemisch und Erbsen einrühren. Bei mittlerer Hitze etwa 8 Minuten rühren. Mit Salz, Pfeffer und Orangensaft abschmecken. Petersilie und Hähnchenstreifen unterziehen. Erneut abschmecken und sofort servieren.

Tipps

Als Beilage eignen sich – typisch amerikanisch – Pommes frites und gemischte Blattsalate.
Auch auf einer pikanten Wildreismischung schmeckt dieses Gericht sehr gut.

Variation

Nehmen Sie statt Erbsen eine TK-Gemüsemischung aus Paprika, Möhren, Spargel und Erbsen.

Zitronen-Reis-Fleisch

Aus Indien

- schnell
- kalorienarm
- einfach
- für Gäste
- scharf
- schärfer
- sehr scharf

1 Die Lammfilets in dünne Streifen schneiden. Die Chilischote zerbröseln und mit dem Pfeffer und der Hälfte des Zitronensafts verrühren. Die Filetstreifen damit bestreichen.

2 Die Aubergine waschen, in etwa 1/2 cm große Stücke schneiden und für 10 Minuten in kaltes Salzwasser legen. Die Paprikaschote waschen, entkernen und in 1/2 cm große Stücke schneiden. Die Zwiebel schälen und fein würfeln.

3 Die Auberginen abgießen und mit Küchenkrepp trockentupfen. Den Wok heiß werden lassen und die Hälfte des Ghees darin erhitzen. Die Filetstreifen von allen Seiten braten, herausnehmen, auf einen Teller legen und mit Salz würzen.

4 Das restliche Ghee im Wok erhitzen und mit den Senfkörnern etwa 2 Minuten braten, bis sie anfangen zu „hüpfen“. Zwiebel-, Paprika- und Auberginenwürfel einrühren. Mit Kurkuma bestäuben, den Reis unterheben und alles einige Minuten braten.

5 Den Inhalt des Woks mit dem restlichen Zitronensaft beträufeln, salzen und 3 Minuten zugedeckt garen. Die Lammstreifen unterheben. Das Gericht erneut abschmecken und sofort servieren.

Tipps

Dazu passt ofenfrisches Fladenbrot.
Gekochter Reis vom Vortag ist empfehlenswert, weil er gut durchgekühlt und trocken ist. Nasser Reis klebt im Wok an.

Zutaten

400 g Lammfilets · 1 getrocknete Chilischote · 1 TL grob geschroteter Pfeffer · Saft von 2 Zitronen

250 g Auberginen · etwas Salz · 1 Paprikaschote · 1 kleine Zwiebel

2 EL Ghee

1 EL schwarze und gelbe Senfkörner · 1 EL gemahlene Kurkuma · 250 g gekochter Langkornreis (vom Vortag)

Für 4 Personen
Zubereitungszeit: ca. 40 Min.
ca. 320 kcal je Portion

Ghee

Ghee ist geklärte Butter bzw. reines Butterfett. Da es keine Eiweißrückstände mehr enthält, ist es hoch erhitzbar und im Kühlschrank lange lagerfähig. Ghee hat einen nussigen Geschmack. Sie können es problemlos selbst herstellen. Dazu Butter in einem Topf erhitzen, bis sie schmilzt und klar wird. Die milchigen Rückstände auf der Oberfläche abschöpfen. Die Butter durch einen Papierfilter gießen, bei Zimmertemperatur erstarren lassen und zugedeckt in den Kühlschrank stellen.

Variation

Statt Lammfilets Rind- oder Geflügelfleisch nehmen.

Zutaten

500 g Schweinefilet · etwas Salz · etwas Pfeffer aus der Mühle · 1 frische Chilischote · 4 Knoblauchzehen

1/2 TL gemahlener Kreuzkümmel · 100 g Naturjoghurt · 50 g Mayonnaise · Saft von 1 Limette, ersatzweise Zitrone · Etwa 10 frische Minzeblättchen

3 EL Pflanzenöl

6 cl weißer Rum

Für 4 Personen
Zubereitungszeit: ca. 30 Min.
Marinierzeit: ca. 2 Std.
ca. 390 kcal je Portion

Brennende Fleischspießchen

Kreolische Spezialität

- schnell
- kalorienarm
- einfach
- für Gäste
- scharf
- schärfer
- sehr scharf

1 Das Schweinefilet in gleich große, etwa 25 g schwere Würfel schneiden. Mit Salz und Pfeffer würzen. Die Chilischote waschen, entkernen und fein würfeln. Wenn man nicht mit Haushaltshandschuhen arbeitet, danach sofort die Hände waschen. Die Knoblauchzehen schälen und durch die Knoblauchpresse drücken.

2 Die Fleischstücke mit Knoblauch, Chili und Kreuzkümmel vermengen. Mit Klarsichtfolie bedecken und etwa 2 Stunden in den Kühlschrank stellen. Inzwischen für die Sauce Joghurt, Mayonnaise und Limettensaft verrühren. Mit Salz und Pfeffer würzen. Die Minzeblättchen waschen, trockentupfen, in Streifen schneiden und unter die Sauce mischen. Die Sauce auf 4 Schälchen verteilen.

3 Die Schweinefiletstücke aus dem Kühlschrank nehmen. Den Wok heiß werden lassen und das Pflanzenöl darin erhitzen. Die Fleischstücke im Wok portionsweise von allen Seiten scharf braten.

4 Kurz vor dem Servieren den Rum in eine Kelle gießen, diese an der Unterseite erhitzen und den Rum anzünden. Den Rum über die Fleischstücke im Wok gießen. Jeder nimmt sich mit einer Fonduegabel „brennende Bissen“ aus dem Wok und dippt diese in die bereitgestellte Sauce.

Tipp

Den Bratensatz im leeren Wok mit Rum oder einer anderen Spirituose ablöschen und den Wok mit Weißbrot „auswischen“.

Variation

Die scharfen Bissen nicht flambieren, sondern jeden einzelnen mit Hölzchen fixieren, auf eine Servierplatte legen und zu Cocktails servieren.

Zutaten

100 g Räucherspeck · 1 große Zwiebel · 4 Knoblauchzehen · 1 frische Chilischote

2 rote Paprikaschoten · 250 g geschälte Tomaten mit Saft (Dose) · 1/2 Bund Koriandergrün

3 EL Pflanzenöl · 400 g Rinderhackfleisch · 1 TL Kreuzkümmel · etwas Salz · etwas Pfeffer aus der Mühle · 3 EL Chiligewürz

250 g Kidneybohnen (Dose)

Für 4 Personen
Zubereitungszeit: ca. 40 Min.
ca. 490 kcal je Portion

Feuriges Chili con Carne

Aus Mexiko

1 Den Räucherspeck in kleine Würfel schneiden. Zwiebel und Knoblauchzehen schälen und fein würfeln. Die Chilischote waschen und mit den Kernen fein würfeln. Wenn man nicht mit Haushaltshandschuhen arbeitet, danach sofort die Hände waschen.

2 Die Paprikaschoten waschen, entkernen und in 1/2 cm große Stücke schneiden. Die Tomaten kleiner schneiden und wieder zurück in den Saft legen. Den Koriander waschen, trockentupfen, von den Stielen zupfen und fein hacken.

3 Den Wok heiß werden lassen und darin das Pflanzenöl erhitzen. Unter ständigem Rühren Speck-, Paprika-, Zwiebel-, Chili- und Knoblauchwürfel andünsten. Das Rinderhackfleisch hinzufügen und krümelig braten. Mit Kreuzkümmel, Salz, Pfeffer und Chiligewürz würzen.

4 Die Tomaten mit dem Saft und die Bohnen mit der Flüssigkeit einrühren. Das Chili bei mittlerer Hitze und mit einem Deckel zugedeckt etwa 20 Minuten schmoren lassen. Das Gericht erneut abschmecken, den Koriander einrühren und sofort servieren.

Tipps

Chili*gewürz* ist eine Würzmischung aus Oregano, Knoblauch, Paprika und Chili. Achten Sie genau auf die Bezeichnung, denn Chili*pulver* ist aus getrockneten, gemahlenen Chilis hergestellt. 3 EL reines Chilipulver statt Chiligewürz würden Sie wahrscheinlich umwerfen.
Die gekochten Kidneybohnen in der Dose sind sehr praktisch, denn die getrockneten roten Bohnen muss man erst 8 Stunden einweichen und dann 1 Stunde weich kochen. Entscheiden Sie selbst, ob Sie den Saft der Kidneybohnen vor dem Kochen abgießen. Mit Saft bindet das Gericht besser und es ist zusätzlich Flüssigkeit vorhanden.

schnell +
kalorienarm −
einfach −
für Gäste +
scharf −
schärfer −
sehr scharf +

Zimtfleisch mit Pfeffer

Aus der Karibik

- schnell
- kalorienarm
- einfach
- für Gäste
- scharf
- schärfer
- sehr scharf

Zutaten

400 g Rinderlende oder Rinderfilet · 2 Knoblauchzehen · 1 frische Chilischote · 1 TL eingelegte Kapern · 4 Gewürznelken · etwas gemahlener Zimt · 2 Lorbeerblätter · 5 EL Erdnussöl

1 Möhre · 1 eingelegte Pfefferschote (Glas) · 2 grüne Paprikaschoten · 2 Fleischtomaten

etwas Salz · etwas Pfeffer aus der Mühle · Tabasco nach Belieben · 1/8 l Fleischbrühe

Für 4 Personen
Zubereitungszeit: ca. 40 Min.
Marinierzeit: ca. 2 Std.
ca. 310 kcal je Portion

Tipp
Die Fleischstreifen sollten mindestens 2 Stunden, besser 1 Tag marinieren. *Ropa vieja*, das Gericht, auf dem dieses Rezept basiert, braucht etwas länger: 500 g mageres Rindfleisch am Stück gar kochen. Das abgekühlte Fleisch in Streifen schneiden und, wie im Rezept beschrieben, marinieren.

Variation
Zusätzlich mit Kapern und gehackten Sardellen garnieren.

1 Das Rindfleisch in schmale Streifen schneiden. Die Knoblauchzehen schälen und durch eine Knoblauchpresse drücken. Die Chilischote waschen, entkernen und fein würfeln. Wenn man nicht mit Haushaltshandschuhen arbeitet, danach sofort die Hände waschen. Die Kapern mit den Gewürznelken sowie 1 TL Zimt im Mörser zerreiben und mit Knoblauch, Chili, Lorbeerblättern und der Hälfte des Erdnussöls verrühren. Alles mit den Fleischstreifen vermengen, mit Folie bedecken und mindestens 2 Stunden in den Kühlschrank stellen.

2 Die Möhre schälen und klein würfeln. Die Pfefferschote in kleine Würfel schneiden. Die Paprikaschoten waschen, entkernen und ebenfalls klein würfeln. Die Fleischtomaten über Kreuz einritzen, kurz überbrühen, abschrecken und enthäuten. Die Tomaten vierteln, die Stielansätze herausschneiden und entkernen. Das Fruchtfleisch klein würfeln.

3 Den Wok heiß werden lassen, das Fleischgemisch darin unter ständigem Rühren braten, herausnehmen, auf einen Teller legen und salzen. Das restliche Erdnussöl im Wok erhitzen und darin Möhren-, Pfefferschoten- und Paprikawürfel etwa 5 Minuten braten. Mit Salz, Pfeffer und Tabasco würzen und mit der Fleischbrühe aufgießen. Das Gemüse etwa 5 Minuten schmoren und die Tomatenwürfel einrühren.

4 Die Fleischstreifen unterheben und nicht mehr kochen lassen. Die Lorbeerblätter entfernen, das Gericht abschmecken, sofort servieren und zusätzlich mit etwas Zimt bestäuben.

Rindfleisch mit Gurken

Aus Korea

- − schnell
- + kalorienarm
- + einfach
- − für Gäste
- − scharf
- + schärfer
- − sehr scharf

Zutaten

400 g Rinderlende · 50 g Sesamsamen

etwa 2 cm frische Ingwerwurzel · 3 Knoblauchzehen · 2 Frühlingszwiebeln · 2 EL helle Sojasauce · 1 EL brauner Zucker · 1/4 TL gemahlener Pfeffer · 1/4 TL Cayennepfeffer · 1 EL Sesamöl

1 große Salatgurke · 3 EL Pflanzenöl

etwas Salz

Für 4 Personen
Zubereitungszeit: ca. 30 Min.
Marinierzeit: ca. 2 Std.
ca. 360 kcal je Portion

1 Die Rinderlende in schmale Streifen schneiden. Den Wok heiß werden lassen und darin unter Rühren die Sesamsamen rösten, bis sie duften. Die Samen herausnehmen und mit den Fleischstreifen in eine Schüssel geben.

2 Den Ingwer sowie die Knoblauchzehen schälen und fein würfeln. Die Frühlingszwiebeln putzen und fein würfeln. Ingwer, Knoblauch und Frühlingszwiebeln sowie Sojasauce, Zucker, Pfeffer, Cayennepfeffer und Sesamöl mit den Fleischstreifen verkneten. Alles mit Frischhaltefolie bedecken und etwa 2 Stunden in den Kühlschrank stellen.

3 Die Salatgurke waschen, schälen, längs halbieren und die Kerne herauskratzen. Die Gurke quer in Scheibchen schneiden. Den Wok heiß werden lassen und das Pflanzenöl darin erhitzen. Die Fleischmischung unter ständigem Rühren einige Minuten braten.

4 Die Gurkenscheiben hinzufügen und den Inhalt des Woks weitere 4 Minuten braten. Salzen und sofort servieren.

Tipps

Das Rindfleisch mit Gurken und Reis genießen. Wie in Korea üblich, Bier dazutrinken.

Die koreanische Grundwürzmischung besteht aus den im Rezept genannten Marinierzutaten. Nach Belieben eine größere Menge herstellen, in ein luftdichtes Schraubglas füllen und in den Kühlschrank stellen. Die Mischung hält sich etwa 1 Woche.

Zutaten

4 Knoblauchzehen ·
2 Frühlingszwiebeln ·
1/2 Bund Koriandergrün

1 EL rote thailändische Chilipaste · 500 g gemischtes Hackfleisch · 2 EL thailändische Fischsauce · etwas Salz · etwas Pfeffer aus der Mühle

1 frische Chilischote ·
1 EL Zucker · 4 EL Reisweinessig

1/2 l Pflanzenöl

Für 4 Personen
Zubereitungszeit: ca. 50 Min.
Kühlzeit: ca. 1 Std.
ca. 680 kcal je Portion

Chilibällchen mit Thai-Dip

Aus Thailand

1 Zuerst 2 Knoblauchzehen schälen und fein würfeln. Die Frühlingszwiebeln putzen und fein hacken. Den Koriander waschen, trockentupfen, von den Stielen zupfen und fein hacken.

2 Knoblauch, Frühlingszwiebeln und Koriander mit der Chilipaste, dem Hackfleisch und der Fischsauce verkneten. Salzen und pfeffern. Den Fleischteig mit Frischhaltefolie bedecken und 1 Stunde in den Kühlschrank stellen.

3 Inzwischen für den Dip die Chilischote waschen, entkernen und fein würfeln. Die restlichen Knoblauchzehen schälen und fein würfeln. Chili und Knoblauch im Mörser mit einer Prise Salz zerreiben. Mit Zucker, Reisweinessig und 4 EL Wasser verrühren. Mit Folie bedecken und bis zum Gebrauch in den Kühlschrank stellen.

4 Aus dem Fleischteig etwa walnussgroße Bällchen formen. Dabei die Hände immer wieder mit kaltem Wasser befeuchten. Das Öl im Wok erhitzen. Die Chilibällchen portionsweise in etwa 5 Minuten rundum knusprig braten. Mit einem Schaumlöffel herausnehmen und auf Küchenkrepp entfetten. Den Thai-Dipp in Schälchen verteilen und mit den Chilibällchen servieren.

schnell −
kalorienarm −
einfach +
für Gäste +
scharf −
schärfer +
sehr scharf −

Variationen

Einen Teig aus gleichen Anteilen von gehackten Garnelen und Schweinehackfleisch herstellen.
Die Chilibällchen müssen nicht unbedingt frittiert werden. Sie können sie auch in wenig Pflanzenöl von allen Seiten goldbraun braten.

Tipps

Für jeden Gast dazu eine halbe Limette servieren. Den Saft über die Chilibällchen träufeln.
Dazu passt kühler Lycheewein und gebratener Reis.

Lamm mit Feigenpfeffer

Aus dem Orient

- schnell
- kalorienarm
- einfach
- für Gäste
- scharf
- schärfer
- sehr scharf

Zutaten

400 g Lammfilets · 1 Knoblauchzehe · 1/2 TL getrockneter Thymian · 1/2 TL gemahlener Kurkuma · 5 EL Pflanzenöl

1/2 Bund glattblättrige Petersilie · 2 Frühlingszwiebeln · 100 g frische Champignons

etwas Salz · 1/2 TL schwarze Pfefferkörner

50 ml Sherry · 8 kleine Feigen im Saft (Dose) · 1 TL grüne, eingelegte Pfefferkörner · 100 g Vollmilchjoghurt · 1 Prise Rosenpaprikapulver

Für 4 Personen
Zubereitungszeit: ca. 30 Min.
ca. 310 kcal je Portion

1 Die Lammfilets in schmale Streifen schneiden. Die Knoblauchzehe schälen und fein würfeln. Zusammen mit Thymian, Kurkuma und 2 EL Pflanzenöl verrühren. Mit den Lammfiletstreifen vermengen, zudecken und im Kühlschrank 30 Minuten ziehen lassen.

2 Die Petersilie waschen, trockentupfen, von den Stielen zupfen und fein hacken. Die Frühlingszwiebeln putzen und fein würfeln. Die Champignons mit einem feuchten Tuch abreiben und je nach Größe halbieren oder vierteln.

3 Den Wok heiß werden lassen. Die gewürzten Lammfiletstreifen im Wok von allen Seiten scharf anbraten. Das Fleisch herausnehmen, auf einen Teller legen und salzen. Das restliche Pflanzenöl im Wok erhitzen, darin schwarze Pfefferkörner, Frühlingszwiebeln und Champignons andünsten.

4 Den Inhalt des Woks salzen und mit Sherry ablöschen. Die Feigen mit dem Saft sowie die grünen Pfefferkörner im Wok schwenken. Die Lammstreifen mit dem entstandenen Bratensaft untermischen, erneut abschmecken und das Gericht auf Teller verteilen. Mit je 1 Löffel Vollmilchjoghurt überziehen, Petersilie darüber streuen und mit Paprika bestäuben.

Tipps

In der orientalischen Küche wird nicht mit Alkohol gekocht, der Sherry ist eine europäische Ergänzung.
Feigen aus der Dose oder dem Glas sind praktisch, weil sie ganzjährig erhältlich sind. Außerdem liefern sie Saft für die Sauce.
Zu diesem Gericht passt eine Wildreismischung und zusätzlich frische Feigen zum Nachtisch.

Variationen

Sie können auch andere Fleischsorten wie Rind oder Schwein nehmen. Die Feigen können gegen andere Früchte ausgetauscht werden, wie z. B. Mandarinen in Sirup, getrocknete, fein geschnittene Aprikosen in Fruchtsaft oder Pfirsiche.

Zutaten

2 Babyananas · 150 g Kochschinken · 1 Zwiebel · 1 Banane · Saft von $^1/_2$ Orange

8 grüne, frische Chilischoten · 4 EL Pflanzenöl · 1 TL brauner Zucker

etwas Salz · etwas Pfeffer aus der Mühle · $^1/_2$ TL gemahlene Kurkuma · 200 ml Kokosmilch · 1 EL frisch gehacktes Koriandergrün, ersatzweise Petersilie · Limettenspalten · frische Kräuter nach Belieben

Für 4 Personen
Zubereitungszeit: ca. 30 Min.
ca. 270 kcal je Portion

Ananascurry

Aus der Karibik

- ⊕ schnell
- ⊕ kalorienarm
- ⊕ einfach
- ⊖ für Gäste
- ⊕ scharf
- ⊖ schärfer
- ⊖ sehr scharf

1 Die Ananas schälen, vierteln, den Strunk entfernen und das Fruchtfleisch in kleine Würfel schneiden. Den Schinken ebenfalls klein würfeln. Die Zwiebel schälen und fein würfeln. Die Banane schälen, in Scheiben schneiden und mit Orangensaft vermengen.

2 Die Chilischoten waschen. Den Wok heiß werden lassen und das Pflanzenöl darin erhitzen. Die Zwiebelwürfel unter Rühren im Wok andünsten. Den Zucker einstreuen und karamellisieren lassen.

3 Ananasstücke und Schinken hinzufügen und etwa 3 Minuten dünsten. Mit Salz, Pfeffer und Kurkuma würzen. Die Bananenstücke mit Saft, 4 Chilischoten und der Kokosmilch einrühren. Weitere 5 Minuten ziehen lassen. Koriander unterheben und erneut abschmecken. Mit je einer ganzen oder in Streifen geschnittenen grünen Chilischote, Limettenspalten und nach Belieben mit frischen Kräutern garnieren.

Tipps

Auf 4 vorgewärmten Tellern Duft- oder Basmatireis türmen und mit Ananascurry überziehen.
Es muss nicht unbedingt eine Babyananas sein – sie sind jedoch aromatischer und süßer als die größeren. Wenn es ganz schnell gehen soll, spricht auch nichts gegen Ananas aus der Dose.

Variationen

Wenn Sie zusätzlich Apfelspalten mitbraten, wird das Curry noch fruchtiger. Sollten Sie Kokosnusspaste zu Hause haben, einfach 50 g davon mit 100 ml Gemüsebrühe verrühren und statt der Kokosmilch in das Curry rühren.

Papayareis mit Fischsauce

Aus Asien

Zutaten

1 Zwiebel · 3 Knoblauchzehen · 50 g Schinkenspeck · 200 g geschälte Garnelen · 1 süße Papaya (etwa 300 g)

5 EL Erdnussöl · 200 g Basmatireis · etwas Salz · etwas Pfeffer aus der Mühle · etwas Sambal Oelek

600 ml Hühnerbrühe

etwa 2 cm frische Ingwerwurzel · 1 TL brauner Zucker · 4 EL Fischfond · Saft von 1/2 Limette

Für 4 Personen
Zubereitungszeit: ca. 40 Min.
ca. 420 kcal je Portion

schnell ⊖
kalorienarm ⊕
einfach ⊕
für Gäste ⊕
scharf ⊖
schärfer ⊕
sehr scharf ⊖

1 Die Zwiebel und 2 Knoblauchzehen schälen und fein würfeln. Den Schinkenspeck in kleine Würfel schneiden. Die Garnelen waschen und in einem Sieb abtropfen lassen. Die Papaya schälen, längs halbieren, entkernen und das Fruchtfleisch in kleine Stückchen schneiden.

2 Den Wok heiß werden lassen und das Erdnussöl darin erhitzen. Unter ständigem Rühren Zwiebel-, Knoblauch- und Schinkenwürfel andünsten. Den Reis 1 Minute mitbraten und alles mit Salz, Pfeffer und 1 EL Sambal Oelek würzen.

3 Den Reis mit Hühnerbrühe aufgießen, aufkochen und dann bei mittlerer Hitze zugedeckt etwa 18 Minuten garen lassen.

4 Inzwischen für die Sauce den Ingwer und die restliche Knoblauchzehe schälen und fein würfeln. Mit Zucker, 1 TL Sambal Oelek, Fischfond, Limettensaft und 4 EL warmem Wasser gründlich verrühren.

5 Papayastücke und Garnelen unter den gegarten Reis heben. Etwa 3 Minuten ziehen lassen und nochmals abschmecken. Den Papayareis auf Teller verteilen und mit der Fischsauce beträufeln.

Tipp
Verwenden Sie je nach gewünschtem Schärfegrad eine der drei indonesischen Sambals. Sambal Oelek ist sehr scharf, Sambal Manis schmeckt süßlich und Sambal Badjak mit Krabben ist mittelscharf.

Mangowok mit Garnelen

Aus Asien

- schnell
- kalorienarm
- einfach
- für Gäste
- scharf
- schärfer
- sehr scharf

Zutaten

50 g Kochschinken · 1 Zwiebel · 3 EL Pflanzenöl

200 g Basmatireis · etwas Salz · etwas Pfeffer aus der Mühle · 1/4 TL gemahlener, scharfer Curry · 1/4 TL zerstoßener Koriander · 100 ml trockener Weißwein · 400 ml Geflügelbrühe (Instant)

100 g geschälte Garnelen · 100 g frisches Ananasfruchtfleisch · 1 kleine Mango

2 EL scharfes Mangochutney · frisches Koriandergrün in Streifen geschnitten, nach Belieben

Für 4 Personen
Zubereitungszeit: ca. 40 Min.
ca. 370 kcal je Portion

1 Den Kochschinken fein würfeln. Die Zwiebel schälen und fein würfeln. Den Wok heiß werden lassen und das Pflanzenöl darin erhitzen. Unter ständigem Rühren Zwiebel- und Schinkenwürfel im Wok andünsten.

2 Den Reis etwa 1 Minute mitdünsten. Alles mit Salz, Pfeffer, Curry und Koriander würzen und mit Weißwein und Geflügelbrühe aufgießen. Nach dem ersten Aufkochen die Hitze etwas reduzieren und den Reis unter gelegentlichem Rühren etwa 15 Minuten garen.

3 Inzwischen die Garnelen waschen. Das Ananasfruchtfleisch in schmale Stücke schneiden. Die Mango schälen, das Fruchtfleisch vom Kern entfernen und ebenfalls in schmale Stücke schneiden.

4 Sobald die Flüssigkeit vom Reis fast aufgesogen ist, Garnelen, Ananas und Mango unterheben. Mit Mangochutney verrühren und alles erneut abschmecken. Das Gericht auf vorgewärmte Teller verteilen und nach Belieben mit Koriandergrün garnieren.

Variationen

Sie können auch Bananenstückchen, frische Ingwerspäne, Rosinen und Mandeln unter den Reis mischen.
Verrühren Sie scharfe Chilisauce mit saurer Sahne und geben Sie dies oben auf den Reis.
Den Mangowok zusätzlich mit grob geschrotetem Pfeffer bestreuen.

Zutaten

400 g Putenschnitzel ·
Saft von 1 Zitrone ·
1 EL schwarze Pfefferkörner

200 g frisches Ananasfruchtfleisch · etwa 8 frische Lychees ·
Saft von 1/2 Orange ·
1 EL Puderzucker

4 EL Pflanzenöl · 200 g Sojabohnensprossen mit Saft (Glas) ·
etwas Salz · 3 EL Sojasauce ·
1 EL Chilisauce (Fertigprodukt) ·
1 EL eingelegte, grüne Pfefferkörner

Für 4 Personen
Zubereitungszeit: ca.30 Min.
Kühlzeit: ca. 1 Std.
ca. 330 kcal je Portion

Putenwok mit Lychees

Aus Asien

1 Die Putenschnitzel in schmale Streifen schneiden und mit dem Zitronensaft beträufeln. Schwarze Pfefferkörner im Mörser zerstoßen und mit den Fleischstreifen vermengen. Mit Frischhaltefolie zudecken und für 1 Stunde in den Kühlschrank stellen.

2 Das Ananasfruchtfleisch in schmale Stückchen schneiden. Die Lychees schälen, entkernen und das Fruchtfleisch vierteln. Ananas und Lychees mit dem Orangensaft vermengen. Die Fleischstreifen aus dem Kühlschrank nehmen und im Puderzucker wälzen.

3 Den Wok heiß werden lassen und das Öl darin erhitzen. Die Fleischstreifen von allen Seiten kräftig anbraten. Unter ständigem Rühren Ananas, Lychees und Sojabohnensprossen hinzufügen. Mit Salz, Sojasauce und Chilisauce würzen. Grüne Pfefferkörner unterheben, erneut abschmecken und das Gericht sofort servieren.

Tipps

Den Putenwok unbedingt auf Reis servieren, da die Fruchtsäure mit Nudeln oder Kartoffeln nicht so gut harmoniert.
Die Kühl- bzw. Marinierzeit ist sehr wichtig, da der Pfeffer sich erst verteilen muss.

schnell +
kalorienarm +
einfach +
für Gäste +
scharf +
schärfer −
sehr scharf −

Variation

Sie können auch andere Fleischsorten wie Kalb, Hähnchen, Schwein oder Rind verwenden. Wobei helles Fleisch – wegen der Farbe und der Ausgewogenheit – dem dunklen vorzuziehen ist.

Pfefferleber mit Äpfeln

Aus Europa

- schnell
- kalorienarm
- einfach
- für Gäste
- scharf
- schärfer
- sehr scharf

Zutaten

400 g Kalbsleber · 1 EL schwarze Pfefferkörner · 1/2 TL getrockneter Salbei · 5 EL Pflanzenöl

1 Zwiebel · 1 großer Apfel · Saft von 1/2 Zitrone · 1/2 TL getrockneter Oregano

etwas Salz

1 Msp. Cayennepfeffer · 3 EL Marsala · 1/8 l trockener Weißwein · etwas Pfeffer aus der Mühle · 100 g Sahne

Für 4 Personen
Zubereitungszeit: ca. 35 Min.
ca. 420 kcal je Portion

1 Die Kalbsleber waschen, mit Küchenkrepp trockentupfen und in dünne Streifen schneiden. Die Pfefferkörner im Mörser zerreiben und mit dem Salbei sowie 2 EL Pflanzenöl verrühren. Mit den Kalbsleberstreifen vermengen.

2 Die Zwiebel schälen, halbieren und in Streifen schneiden. Den Apfel schälen, entkernen und in dünne Spalten schneiden. Zwiebel und Apfel mit dem Zitronensaft und dem Oregano vermischen.

3 Den Wok heiß werden lassen und darin die Kalbsleberstreifen von allen Seiten kurz braten. Das Fleisch herausnehmen, auf einen Teller legen und salzen.

4 Das restliche Öl im Wok erhitzen. Darin das Zwiebel-Apfel-Gemisch mit dem Cayennepfeffer etwa 5 Minuten braten. Mit Marsala und Weißwein begießen und alles einige Minuten schmoren lassen. Das Ganze salzen und pfeffern und mit der Sahne aufgießen.

5 Die Kalbsleberstreifen mit dem Fleischsaft in den Wok geben, alles kurz durchrühren und das Gericht sofort servieren.

Tipps

Zu diesem Gericht passen frische Salate und Nudeln in allen Variationen. Als Getränk einen gut gekühlten, trockenen Weißwein servieren. Achtung: Leber kann schnell hart werden, entweder durch das Salzen beim Garen oder durch zu langes Braten.

Variation

Nehmen Sie Schweine- oder Hühnerleber statt der Kalbsleber oder braten Sie zusätzlich Knoblauch mit.

Zutaten

1 Zwiebel · 100 g Rosinen · 4 EL Pflanzenöl

250 g Langkornreis · 50 g geschälte Mandeln · etwas Salz · etwas Pfeffer aus der Mühle · 1 EL Harissa · etwas gemahlener Zimt

8 frische Datteln

Für 4 Personen
Zubereitungszeit: ca. 40 Min.
ca. 600 kcal je Portion

Rosinenreis mit Datteln

Aus dem Orient

- schnell
- kalorienarm
- einfach
- **für Gäste**
- scharf
- **schärfer**
- sehr scharf

1 Die Zwiebel schälen und fein würfeln. Die Rosinen mit etwa 50 ml heißem Wasser begießen. Den Wok heiß werden lassen und darin das Pflanzenöl erhitzen.

2 Die Zwiebelwürfel unter ständigem Rühren andünsten. Den Reis und die Mandeln etwa 2 Minuten mitbraten. Alles mit Salz, Pfeffer, Harissa und 1/2 TL Zimt würzen.

3 Den Inhalt des Woks mit 1/2 l Wasser aufgießen. Alles aufkochen lassen und den Reis bei mittlerer Hitze zugedeckt in etwa 20 Minuten garen. Wenn fast keine Flüssigkeit mehr im Wok ist, die Rosinen unterheben.

4 Die Datteln waschen, Stielansätze und Kerne entfernen. Das Fruchtfleisch in Streifen schneiden. Den Rosinenreis abschmecken und die Dattelstreifen unterheben. Das Gericht auf Teller verteilen und mit Zimt bestäuben.

Harissa

Harissa ist eine sehr scharfe Würzpaste aus Knoblauch, Kreuzkümmel und Pfefferschoten. Im ganzen Orient wird diese Paste, unter verschiedenen Bezeichnungen, oft zum Kochen verwendet.

Variationen

Sie können gebratene Fleischstreifen, Gemüsestücke und klein geschnittene, eingeweichte Trockenfrüchte zum Reis geben.

Tipp
Das Bananenfleisch auf Duft- oder Basmatireis servieren. Zusätzlich fertige Chilisauce dazuservieren.

Variation
Zusätzlich zu den Bananen einen Apfel in Scheibchen mitbraten. Mit Reiswein oder Sherry beträufeln und erst dann mit Brühe aufgießen.

Bananenfleisch in Kokossauce

Aus der Karibik

Zutaten
400 g Schweinefilet ·
3 getrocknete Chilischoten ·
1/2 Bund Koriandergrün
1 kleine Zwiebel · 2 Knoblauchzehen · 1 große Banane ·
Saft von 1 Limette, ersatzweise Zitrone
4 EL Pflanzenöl · etwas Salz · etwas Pfeffer aus der Mühle
1/2 l Gemüse- oder Fleischbrühe ·
100 g Kokospaste ·
3 EL Sojasauce ·
50 g ungesüßte Kokosraspel

Für 4 Personen
Zubereitungszeit: ca. 30 Min.
ca. 530 kcal je Portion

schnell +
kalorienarm −
einfach +
für Gäste +
scharf −
schärfer +
sehr scharf −

1 Das Schweinefilet in schmale Streifen schneiden. Die Chilischoten zerbröseln. Den Koriander waschen, trockentupfen, von den Stielen zupfen und fein hacken.

2 Die Zwiebel und die Knoblauchzehen schälen und fein würfeln. Die Bananen schälen, in dünne Scheibchen schneiden und mit Limettensaft beträufeln.

3 Den Wok heiß werden lassen und das Pflanzenöl darin erhitzen. Zwiebel- und Knoblauchwürfel sowie die Chili andünsten. Die Bananenscheiben hinzufügen und das Ganze einige Minuten rühren. Salzen und pfeffern.

4 Den Inhalt des Woks mit der Brühe aufgießen und aufkochen lassen. Die Kokospaste mit einem Messer in die Brühe schaben und alles cremig rühren. Die Fleischstreifen einlegen und bei milder Hitze etwa 5 Minuten garen lassen. Mit der Sojasauce abschmecken und den Koriander unterziehen. Das Gericht auf vorgewärmte Teller oder Schalen verteilen und mit Kokosraspel garnieren.

Alphabetisches Rezeptverzeichnis

Rezeptverzeichnis nach Ländern und Regionen

Im FALKEN Verlag sind zahlreiche Titel zum Thema „Essen und Trinken“ erschienen.

Sie erhalten sie überall dort, wo es Bücher gibt.

Sie finden uns im Internet: **www.falken.de**

Dieses Buch wurde auf chlorfrei gebleichtem und säurefreiem Papier gedruckt.

Der Text dieses Buches entspricht den Regeln der neuen deutschen Rechtschreibung.

Impressum

ISBN 3 8068 2735 4

Umschlagkonzeption: Martina Eisele, München
Umschlaggestaltung: Digital Design GmbH Borgers, Hünstetten
Layout: Johannes Steil, Wiesbaden
Redaktion: Dirk Katzschmann und Olaf Rappold (red.sign, Stuttgart)
Koordination und Schlussredaktion: Anja Halveland (FALKEN Verlag)
Herstellung: Petra Becker (FALKEN Verlag) und red.sign, Stuttgart
Fotos: Amos Schliack, Hamburg
Foodstylist: Roland Geiselmann
Satz: red.sign, Stuttgart
Druck: Druckhaus Cramer, Greven

817 2635 4453 6271